«Wir hangeln uns von Unzufriedenheit zu Unzufriedenheit. Wer sagt, es gehe ihm gut, den treffen entgeisterte Blicke. Wir sind heutzutage gestresst oder genervt oder haben das Gefühl, noch nicht ganz am Ziel unserer Träume zu sein. Wer einfach glücklich ist, wird verdächtigt, keine Ziele zu haben. Oder gar keine Hoffnung. Es gibt ja noch so vieles, was man machen könnte. Lernen müsste. Erfahren müsste. Sehen müsste. Wo gibt es denn so was? Einfach in den Tag hinein leben und gelassen tun, was einem der Augenblick aufträgt? In meinem Leben gibt es das. Seit 30 Jahren bin ich Kapuziner.»
Offen und schonungslos lädt Bruder Paulus dazu ein, zu streiten – um das glückliche Leben, das Leben im Heute.

Bruder Paulus Terwitte, 1959 geboren, trat nach dem Abitur in den Kapuzinerorden ein. Er studierte Theologie und lernte, als katholischer Priester Seelsorge und Psychotherapie mit sozialem Engagement zu verbinden. Durch seine Kolumnen, Vorträge und Diskussionsbeiträge in TV-Polit-Talk-Formaten bezieht er Stellung zu Fragen der Ethik in Gesellschaft und Wirtschaft. Er moderiert die Talksendung «Um Gottes Willen – N24 Ethik» und für Sat.1 den regelmäßigen Kirchenbeitrag «So gesehen». Seit 2006 leitet er die Berufungspastoral der Kapuziner – die Suche nach jungen Ordensinteressenten.

Bruder Paulus Terwitte

Das Leben findet heute statt!

Ein Anschlag auf die Vertröstungsgesellschaft

Rowohlt Taschenbuch Verlag

Veröffentlicht im Rowohlt Taschenbuch Verlag,
Reinbek bei Hamburg, Juli 2010

Lektorat Mendlewitsch + Meiser, Düsseldorf
Umschlaggestaltung ZERO Werbeagentur, München
(Foto: picture-alliance/dpa)
Satz aus der Haarlemmer PostScript (InDesign)
bei hanseatenSatz-bremen, Bremen
Druck und Bindung Druckerei C. H. Beck, Nördlingen
Printed in Germany
ISBN 978 3 499 62444 5

«Ich neige dazu, wie ich mit Bedauern feststelle, mich allzu oft als Sammler zu benehmen. Warum? Woran liegt diese Unruhe? Gewiss steht an der Wurzel dieser Gier vor allem das Bewusstsein der Zeit, die vergeht, das Bewusstsein des Unwiderruflichen. Das Leben ist kurz; man muss dies und jenes noch hinzufügen. Doch sobald ich über den Wert nachdenke, den diese Ansammlung haben könnte, erscheint sie mir lächerlich ...»

aus: Gabriel Marcel: «Schöpferische Treue», München 1963

Inhalt

Vorwort

Wir haben Angst, im Leben nicht genug zu bekommen. Wer allein lebt, sucht die perfekte Beziehung. Wer einen Partner hat, schielt danach, ob nicht noch was Besseres im Angebot ist. So jedenfalls hörte sich die Antwort des 28-Jährigen an, den ich fragte, warum er denn seine Freundin nicht heirate, mit der er seit acht Jahren zusammenlebte: «Es könnte ja noch was Interessanteres kommen!», dachte er womöglich. Arbeiter und Angestellte träumen sich vom Heute in den Urlaub. Dort erst könne man endlich richtig leben, meinen sie. Und wer ohne Arbeit ist, sucht nicht nur eine Anstellung. Es muss jetzt sofort der Traumjob her. Und der perfekte Chef. Oder man möchte selbst endlich einer sein. Und wer es dann irgendwie bis oben geschafft hat, findet – wie könnte es anders sein –, dass es die da unten viel besser haben.

Nur da, wo wir gerade leben, können wir nicht zufrieden sein. Das Gras auf der anderen Seite des Zauns ist immer grüner. Die anderen haben es stets besser. Wenn man doch auch so viel Geld besäße! Wenn man doch auch so viel Glück auf seiner Seite hätte! Wenn man doch auch so groß oder so attraktiv, so intelligent oder so tatkräftig wäre wie der Nachbar oder Kollege – ja wenn, dann würde man selbst auch richtig leben können und auch zufrieden sein.

So hangeln wir uns von Unzufriedenheit zu Unzufriedenheit. Wer sagt, es gehe ihm gut, den treffen entgeisterte Blicke. Wir sind heutzutage gestresst oder genervt oder haben immer das Gefühl, noch nicht ganz am Ziel unserer Träume zu sein. Wer einfach glücklich ist, wird verdächtigt, keine Ziele zu haben. Oder gar keine Hoffnung. Es gibt ja noch so vieles, was man machen könnte. Lernen müsste. Erfahren haben müsste. Sehen müsste. Wo gibt es denn so was? Einfach in den Tag hinein leben und gelassen tun, was einem der Augenblick aufträgt?

In meinem Leben gibt es das. Seit 30 Jahren bin ich Kapuziner. Der Orden ist in Deutschland nicht mehr sehr bekannt. Unsere Wurzeln liegen in Italien. Wir gehen auf den heiligen Franziskus von Assisi zurück. Heute bin ich einer von etwa 160 Brüdern in Deutschland. Die Lebenseinstellung der Kapuziner hat mich schon als junger Mann so fasziniert, dass ich gleich nach dem Abitur ins Kloster eingetreten bin. Mir war mein Ziel klar. Manche haben mich gewarnt: «Du hast ja noch gar nichts vom Leben gehabt!» Darauf parierte ich, dass ich in einer Gemeinschaft mit einer solchen Tradition und einer so kraftvollen Spiritualität schon genügend gute Erfahrungen sammeln würde. Wieder andere wollten von mir wissen, was ich denn mit dem Ordenseintritt erreichen wolle. Denen antwortete ich, dass ich schon vor meinem Schulabschluss etwas Todernstes gelernt hatte. Zum ersten Mal – und zum Schrecken meiner Mitabiturienten – hatte ich davon bei meiner Rede zu diesem wichtigen Anlass gesprochen: Aus unserem Jahrgang waren zwei Mitschüler durch Unfälle verstorben, ein dritter brach aufgrund einer ernsthaften psychischen Krankheit zusammen und konnte nicht an den Prüfungen teilnehmen. Das ließ mich innehalten und in mir die Frage aufkommen: Wenn die nur gelebt haben, um Abitur zu machen, haben die dann nicht umsonst gelebt? Wenn der Motor unseres Lebens nur das Morgen ist, das wir erreichen wollen, verpassen wir hier und jetzt wichtige Momente. Der Reichtum unseres Lebens kommt nicht erst, sondern er ist schon da, und wir können nur in diesem Bewusstsein handeln. Wenn ich es richtig betrachte, wurde schon damals der Grundstein zu meiner Lebenseinstellung gelegt, und zu diesem Buch: Das Leben fängt nämlich wirklich heute an! Sofort.

Jetzt erst fällt mir auf, wie sinnlos lange wir uns damals im Religionsunterricht mit der Behauptung des Philosophen Ludwig Feuerbach, die Religion vertröste den Menschen auf ein Jenseits, gequält haben. Damals habe ich noch nicht gesehen, was aber auch da schon gültig war: wie sehr sich Menschen selbst auf ein Später verlegen, damit sie heute nicht alles geben müssen. Nicht ohne Grund. Wer seine Kräfte spart, wird gelobt. Wer die Tricks kennt, um seine Kraft effizienter einzusetzen, erntet Anerkennung. Diplomarbeiten werden munter zusammengegoogelt, damit man heute spart, um morgen, bald, woanders oder sonst wie zu zeigen, was man kann.

Das ist nicht neu. Der Mensch war immer schon bequem. Denn das Wasser windet sich auf dem leichtesten Weg zum Meer. Was die meisten an diesem Bild übersehen: Es fließt Stufe um Stufe tiefer. Ein Wissenschaftler würde sagen, es werde von der Schwerkraft angezogen. Ich füge hinzu, es geht nicht anders: Es wird automatisch heruntergeführt. Auf dem leichtesten Weg kann es nur nach unten gehen! Aber gäbe es auch eine Alternative?

Mich spricht das Bild unmittelbar an: Wer glaubt, man müsse heute Energie sparen und könne sich vom Leben treiben lassen, zum großen Glück hin, der irrt. Der wird unheilvoll heruntergezogen. Die Geschwindigkeit, die man darin zuweilen erreicht, wird fatalerweise Fortschritt genannt. Bei Licht betrachtet ist es aber nur eine, wenn auch aufregende Episode im Abwärtstrend der Vertröstungsgesellschaft. Weil wir auf das Morgen setzen, können wir heute nicht richtig leben. Vor lauter Vorbereitung auf ein besseres Leben machen wir uns unsere Existenz in der Gegenwart zur Qual. Wir packen uns den Keller voll, als käme ein neuer Weltkrieg auf uns zu. Die Schränke quellen über vor Kleidung, die uns morgen vielleicht passen wird, man kann ja nie wissen. Und so viele ruhige Stunden kann es gar nicht geben, wie wir für sie Musik in zig CD-Ständern stehen haben.

Wir müssen diese unheilvolle Vertröstung auf Unbestimmtes überwinden. Sie gaukelt uns etwas vor, das wir nie erreichen können. Wir schreiben unseren eigenen Science-Fiction-Roman, der sich spannend liest, aber unser Heute wie eine Ödnis erscheinen lässt. Beladen mit so vielen Vorstellungen vom richtigen Leben, das erst noch kommen wird, später. So gehen wir heute keinen Schritt voran. Wir werden krank durch das Ergebnis unserer täglichen Kontrolle und der Nachfrage, ob wir schon so weit sind, wie wir (oder wer auch immer) uns gern haben möchten. Das ganze Leben wird zu einer einzigen großen Pause, von hohlen Formeln bestimmt: Halten Sie sich zurück! Atmen Sie durch! Sammeln Sie Kräfte! Vereinfachen Sie Ihr Leben! Sparen Sie Zeit! Werden Sie natürlich! Entgiften Sie sich! Treten Sie in die Pedale! Laufen Sie auf dem Trainingsband! Nehmen Sie genug Vitamine zu sich! Sorgen Sie heute für morgen! Worauf ich aus unserer Ordenstradition heraus nur sagen kann: Wer gesund lebt, der stirbt gesünder.

«Warten Sie es ab», mag mir da einer zurufen. «Nein», antworte ich, «ich warte nicht ab!» Das Leben ist da. Ich lade Sie deshalb ein, jetzt, genau in diesem Moment, mit mir durch ein Kloster zu gehen, wie die Kapuziner es kennen. Bei uns kommt man weniger zu sich selbst. Bei uns kommt man zum Mitbruder, zum Mitmenschen und zu den Aufgaben, die heute angepackt werden müssen. Die Glocke, die zum Gebet ruft, weckt für das Heute auf. Es gibt keine sogenannten Umstände! Oder ganz allgemein: keinen Menschen, der uns davon freispricht, selbstverantwortlich zu handeln. Unverwechselbar. Besonders. Liebenswert. Wir setzen heute unsere ganze Kraft ein und warten nicht darauf, dass uns Lösungen später oder übermorgen einfallen werden. Uns erfüllt eine Hoffnung, die im Heute dem Leben traut, gleich nach Lösungen sucht und sie auch umsetzt. Wir wehren uns gegen die allgemeine Unentschlossenheit, die von der Angst hervorgerufen wird, noch nicht im richtigen Leben angekommen zu sein. Damit sind wir ziemlich anders als unsere Zeitgenossen. Wir erlauben uns das gern. Denn wie alle Menschen sind auch wir als Originale, als Einzelstücke, geboren. Und wir sollten nicht als Kopie sterben.

Mich haben bei den Kapuzinern von Anfang an die Charakterköpfe fasziniert, die mir im Orden begegnet sind. Manchen verdanke ich die Idee zu diesem Buch. Sie haben mir gezeigt, dass es im Leben keine Probleme gibt, sondern nur Herausforderungen, für die eine Lösung zu finden ist. Wir dürfen und müssen uns ihnen heute stellen – und wir können es auch. Es ist nicht alles nur schwierig, kompliziert und im schlimmsten Fall etwas für die sprichwörtliche lange Bank. Die Umstände unseres Lebens sind unsere Umstände. Sie sind der Ort, an dem wir reifen sollen. «Können Sie auch wieder austreten aus dem Kloster?», gehört zu den ersten Fragen, die mir bei Klosterführungen gestellt werden. Darauf kann ich nur antworten: «Können Sie aus Ihrem Leben austreten?» Wir müssen lernen, dass jeder in seinem Leben autorisiert ist, die Welt zu prägen. Und hoffentlich zum Guten hin zu verwandeln. Der Punkt, damit anzufangen, ist heute.

Auf der Tour durchs Kloster mache ich mit Ihnen jetzt eine Tour d'Horizon durch unsere Gesellschaft. Alle Lebensbereiche unseres Hauses erzählen etwas von der Glaubens- und Lebenseinstellung meines Kapuzinerordens und zeigen viel Weisheit auf – auch für das Leben draußen. Wir schöpfen dabei aus der Inspiration des heiligen Franziskus von Assisi, der unseren Orden gegründet hat. Seine Zeit, das 13. Jahrhundert, war von Machtkämpfen kirchlicher und weltlicher Gruppenkämpfe bestimmt. Franziskus setzte in dieser Situation auf gelebte Brüderlichkeit unter den Menschen. Das Geld spielte zunehmend eine vorherrschende Rolle, weil der innereuropäische Warenhandel zu blühen begann. Franziskus dagegen lebte freiwillig in großer Einfachheit, weil er fand, dass der Vorrang materieller Güter die Brüderlichkeit zerstöre. Statt sich auf die gängigen Glückskonzepte seiner Zeit zu beziehen, lernte er ganz neu von der alten Botschaft des Evangeliums. Er fand darin so etwas wie die Ursprache aller Menschen. Die wollte er lernen. Die wollte er leben.

Er lebte das einfache Menschsein so überzeugend, dass sich bald Tausende von Männern und Frauen fanden, die es so machen wollten wie er. Wir Kapuziner verstehen uns auch als direkte Nachfolger des Heiligen von Assisi. Wir sehen ihn weniger als den Tierliebhaber oder als den, der sich im Sonnengesang als Naturliebhaber erweist. Er ist für uns vielmehr einer, der wegen seines neuen Umgangs mit Gott und den Menschen ein wichtiger Kritiker seiner Zeit war. Als seine Brüder, die heute leben, lernen wir von ihm, einfach mit Gott und unseren Mitmenschen zu sein.

Unsere Klöster atmen zudem den Geist der Lebenseinstellung des heiligen Franziskus. Während ich Ihnen die Pforte, den Essraum oder unsere Küche zeige, werde ich Ihnen noch davon erzählen. Sie werden kennenlernen, was einen Kapuziner in seinem Kloster bewegt und wie er auf die Gesellschaft schaut, in der er ein Mensch des 21. Jahrhunderts ist. Im Spiegel unserer

Lebensräume betrachte ich mit Ihnen, was sich in der Welt tut, in der wir leben. Uns werden die Werte begegnen, von denen so viele reden und die doch so wenig gelten. Wir sprechen im Klostergarten über Muße und Wege, wie wir lernen, uns wieder als Teil der Schöpfung sehen zu können. Ich nehme Sie mit in unser Gästezimmer und denke mit Ihnen darüber nach, wie man im Kloster vielleicht zur Ruhe kommen kann, aber dabei auch heilsam beunruhigt wird angesichts der Wirklichkeit dieser Welt.

Dieses Ziel der Beruhigung und gleichzeitig des Aufrüttelns lässt mich mit diesem Buch auf den Marktplatz gehen. Kommen Sie mit. Unser Haus steht Ihnen offen. Besichtigen wir unser Kloster und aus seinem Geist unser Leben und unsere Zeit. Es wartet auf Menschen, die wie Franziskus innehalten und Lösungen für ihre Fragen suchen, finden und in die Tat umsetzen wollen, denn ihm war klar: Das Leben fängt heute an. Treten Sie ein!

1. Die Klosteranlage

«Dürfen Sie fernsehen?»
Oder: Die neue Kurzsichtigkeit

Bei einer Klosterführung geht es zu wie im richtigen Leben: Sie dürfen sich erst mal nicht vorstellen, was Sie erwartet. Und weil es erstens immer anders kommt und zweitens als man denkt – Pardon, als Mönch sage ich natürlich: als Gott lenkt –, fängt alles mit einer Enttäuschung an. Sie sehen hier keine riesige Abtei. Es wohnen dort auch nicht 60 Männer – oder ein paar weniger. Dort erklingt auch kein großartiger Gesang (obwohl ich selbst gern und, wie andere sagen, gut singe). Das Kloster ist nicht reich. Hier lebt man nicht wie im Mittelalter. Es gibt keinen Kerker. Sie können hier nicht die Vergangenheit erleben. Und ich bin auch nicht von gestern.

Ordensleben ist heute anders, als Sie es in Filmen wie «Leben einer Nonne» oder «Der Name der Rose» sehen. Diese sind erfolgreich, weil uns Vorstellungen von ungezügelter Autorität, asketischer Selbstzerfleischung, organisierter Lebensunlust und geheimen Wünschen, sich Begierden zu erfüllen, faszinieren. Das hat aber mehr mit dem Inneren des Menschen zu tun. Nicht nur ein Kloster ist ein Geheimnis. Wir selbst sind auch eines.

Jetzt fehlt nur noch die Frage: Haben Sie einen Fernseher? Die wird mir tatsächlich gestellt, obwohl mich sogar mancher, der so fragt, selbst im Fernsehen gesehen hat. Die alten Bilder vom Ordensleben haben sich in vielen Köpfen sehr festgesetzt. Da hilft es nicht einmal, wenn man einen Ordensmann mit einer eigenen Sendung live erlebt: Auch der wird gefragt, ob es bei ihm daheim einen Fernseher gebe.

Ein anderes Beispiel für schaurige Vorstellungen, die den Blick auf die Wirklichkeit des Klosterlebens trüben: Mir sagte eine Mutter, die während einer meiner Lesungen erfahren hatte, dass ich für die Nachwuchssuche im Orden zuständig bin: «Aber bitte nicht meinen Sohn anwerben!» Auf die Frage, warum denn nicht, kam spontan die Antwort: «Der darf dann ja nie raus!» Auf meine Gegenfrage hin: «Ja, bin ich denn nicht gerade unterwegs und eben nicht im Kloster?», musste sie dann doch lachen.

Ob sie davon gelernt hat für den Moment, in dem der Sohn ihr vielleicht genau diesen Wunsch vortragen wird, wage ich zu bezweifeln. Man kann sich noch so sehr anstrengen als Mönch, aber auch als Politiker oder Fußballspieler: Wirklich ist, was die Leute zu wissen meinen. Die wirkliche Wirklichkeit interessiert keinen mehr. Mehr noch: Man setzt alles daran, die eigene Meinung, woher immer sie auch kommen mag, über die Wirklichkeit zu stellen. Der Kommunikationsforscher, Konstruktivist und Psychologe Paul Watzlawick hat das treffend in seiner «Anleitung zum Unglücklichsein» am Beispiel eines Mannes klargemacht, der alle zehn Sekunden in die Hände klatscht. Nach dem Grund für dieses merkwürdige Verhalten befragt, erklärt er: «Um die Elefanten zu verscheuchen.» Auf den Hinweis, es gebe hier doch gar keine Elefanten, antwortet der Mann: «Na, also! Sehen Sie?»

Zu den Elefanten heute zählt nicht nur unser Kloster, in dem das Leben nach Überzeugung vieler Zeitgenossen einfach verstaube, mittelalterlich oder gar unmenschlich verlaufen müsse. Wie es da wirklich zugeht und warum es da so zugeht: Das scheint auf viele zu komplex zu wirken. Da müsste man ja genauer hinsehen. Dafür müsste man sich ja Zeit nehmen. Wie schön, dass Sie sich diesen Moment jetzt nehmen! Dem Kloster und seinen Bewohnern geht es da ähnlich wie anderen Elefanten. Dass etwa ein Bürgermeister ehrlich sein kann, ein Manager kein Egoist sein muss und nicht jeder Bischof hinterm Mond lebt, ahnt man zwar, aber man bleibt lieber kurzsichtig für die differenzierte Wirklichkeit. Wie es aktuell aussieht im Kloster, in einer Staatsverwaltung oder einer Bank, interessiert niemanden. Man möchte an seinem Weltbild festhalten. Man könnte ja sonst herausbekommen, dass die Menschen dort ebenso sind wie man selbst. Menschen nämlich mit individueller Entscheidungsfreiheit wie du und ich. Man würde erkennen, dass nicht nur andere Fehler machen, sondern auch man selbst. Es würde deutlich werden, dass jeder am Rad der Geschichte mitdreht. Durch diesen Blick aufs Ganze würde sich einem die Frage aufdrängen, was man denn selbst tut, um nicht so schrecklich zu sein wie die da. Das ist anstrengend. Zu anstrengend. Also bleibt man lieber bei den meist schlimmen Bildern, die man sich von den anderen gemacht hat. Wir schauen bei ihnen oft nicht genauer hin, weil wir bei uns selbst nicht anfangen wollen, unser Leben gut oder besser zu gestalten. Statt am Heute zu arbeiten, gehen wir lieber zurück. Geschichte boomt. Nachgestellte Szenen aus dem Mittelalter dürfen in keiner Dokumentation fehlen. Wen kümmert es schon, ob Dichtung und Wahrheit dabei vermischt werden? Es wird schon irgendwie so gewesen sein.

Das Fernsehen überschlägt sich mit History-Fiction-Produktionen. Der historische Roman wird gelesen wie ein Geschichtsbuch. Der Run auf die Klöster passt da ins Bild. Es ist eine Hinwendung zum Gestern. Man flieht in die alte Ordnung, die dort ja noch herrschen soll, um den Schmerz zu lindern, den man im Chaos von heute empfindet.

Historienmärkte werden so selbstverständlich besucht, dass ich hin und wieder angesprochen werde: «Zu welchem Event fahren Sie denn?» Kein Wunder, denn auch jene, die als Gaukler oder Mägde dort auftreten, reisen in ihrer Verkleidung zum Ort des Geschehens – so selbstbewusst ist die Szene geworden. Viel zu viele halten für bare Münze, was auf alt getrimmte Wagen und Zelte da vorspielen. Das ist es auch – für jene, die daran verdienen. Gut erfunden, möchte man immer wieder reinrufen. Ein schönes Spiel!

Nur war es leider ganz anders, das Leben früher. Wer es genau verstehen wollte, müsste sich mit den Widersprüchen auseinandersetzen, die es damals in der Zeit ebenso gab wie heute. Ich wünsche mir zu jedem Event eine passende Ausstellung zu der Zeit, die dargestellt wird. Auch ein seriöser Geschichtsvortrag kann Interessenten finden, die vom dritten Stand mit Honigwein oder Folterinstrumenten schon angeödet sind. Natürlich duftet ein Brot aus dem Holzofen verführerisch. Dazu gehört aber auch eine Tabelle, die darüber Auskunft gibt, was man sich für den Wert eines Brots damals leisten konnte und warum trotz voller Ähren auf dem Feld dennoch Hunger ins Land einziehen konnte. Statt eines dümmlichen Theaters von Kampfspielern in Ritterrüstung, die in der Pause durch den Schlitz des Helms gelangweilt ihre Zigarette rauchen, könnten intelligentere Spiele dargeboten werden. Das Geflecht von Besitzstreben, Neid, Eifersucht und Geltungsgier ist in Stücken der Literatur tausendfach aufgegriffen worden und erfreut Zuschauer, wie es sie gleichermaßen darüber aufklärt, welche Wege es geben kann, aus dem ebenso sinnlosen wie Geld verzehrenden bluternsten Kriegsspiel auszusteigen.

Sei es im kreativen Spiel, im Vortrag oder in einer Ausstellung: Solche Events könnten gescheit machen für heute, statt alle dumm zu halten mit dem Vorgaukeln einer früheren Welt, die es so doch gar nicht gab. Sie könnten darüber aufklären, dass damals Heilige existierten und Sünder, Gescheite und Narren, Irrtum und Wahrheit – und dass Geschichte nur einen Sinn hat: dass wir daraus für heute lernen. Was man von einem Bad im Zuber oder einem Spanferkel am Ritterspieß nun ganz und gar nicht behaupten kann.

Unsere Kirche, dieses Kloster und seine Klostermauern haben auch ihre individuelle Geschichte. Was wir heute damit noch anfangen können, werden Sie im Lauf der Führung näher kennenlernen – oder vielleicht auch durch ein persönliches Erlebnis wie dieses: Ich erinnere mich, wie unsere Familie einmal einen Ausflug zur Benediktinerabtei Gerleve im westfälischen Münsterland machte. Die mächtigen Klostermauern beeindruckten mich sehr. Mit Herzklopfen lief ich als Zwölfjähriger an der Mauer entlang. Ein Tor stand offen. Es zu durchschreiten, das lockte mich. Gleichzeitig schreckte ich davor zurück. Mehr als zehn Schritte habe ich mich nicht hineingewagt. Aber immerhin – so viele waren es. Ich fühlte mich beobachtet. Obwohl niemand zu sehen war, erschien mir das ganze Gelände voller Augen, die mich bei dieser Grenzüberschreitung verfolgten. Nach dem zehnten Schritt flüchtete ich zurück zur Familie, die schon nach mir Ausschau hielt. Ich war froh, dass mich keiner genauer fragte, wo ich denn gewesen sei.

Ich spürte, dass ich den abgeschlossenen Bezirk betreten hatte, der in der lateinischen Sprache Claustrum heißt. Daher hat das Kloster seinen Namen. In diesem umfriedeten Bereich sollte sich ein eigener Lebensraum entfalten und erhalten. Seit dem 5. nachchristlichen Jahrhundert haben sich Männer einerseits und Frauen andererseits zusammengetan, um abgeschieden vom Alltag einem neuen Gesetz zu folgen. Sie wollten wenigstens in einem kleinen Ausschnitt dieser Welt verwirklichen, was sie dem Evangelium Jesu entnahmen. Deshalb war es ihnen auch wichtig, einen geschützten Innenraum zu haben. Die Gemeinschaft baut nach außen, was auch für das Innen gilt: Denn jeder Mensch braucht zum Leben einen umfriedeten Bereich. Dort ist er mit sich allein. Dort ist er vor Angriffen geschützt. Niemand kann da hineinsehen. Dort kann er Frieden finden und mit sich ins Reine kommen. Da kann er aber auch von ständiger Unruhe erfüllt sein, weil er zu viel hereingelassen hat und nun kaum allein damit fertig wird. Für diesen Sektor gibt es viele Namen: Herzenskammer, Gewissen, aber auch der Leib, der ja mehr ist als der Körper. Das Ich. Das Selbst. Das Ich-Selbst.

Gerade der klösterliche Innenbereich hatte mich in meiner kindlichen Neugier interessiert. Diese Entdeckerlust gehört zum Erwachsenwerden. Ein Kind kann noch nicht den eigenen Innenraum und den Innenraum anderer Menschen schützen. Es ist noch ganz vom Äußeren eingenommen. Es untersucht arglos die Welt, wie sie ist. Ihm ist eine Respektlosigkeit eigen, die man ihm gern verzeiht. Es überschreitet Grenzen, weil es nur die Sache sieht. Es sieht noch nicht dahinter. Es kann in aller Unschuld plötzlich intime Sachen fragen, die uns Erwachsene in peinliche Situationen bringen. Langsam erst lernt es, dass es eine Verbindung zwischen dem Äußeren und dem Inneren gibt. Für mich als Kind war das Kloster ein Tor und ein Gelände dahinter. Für die Mönche ist es die Pforte zu einem Garten, der ihnen etwas von Gott erschließt. Ein Kind darf da hineingehen. Ein Kind darf alles untersuchen. Ein Kind darf mit seinem Entdeckerdrang in jeden Winkel hineinschauen. Einem Erwachsenen verzeihe ich das nicht.

Das Kloster erinnert mit seinem Claustrum daran, dass es Bereiche im menschlichen Leben gibt, die wir nicht betreten dürfen. Und ich habe den Eindruck, dass in vielerlei Hinsicht solche Umgrenzungen wieder gezogen werden müssen.

Wir sind zu einer Gucklochgesellschaft geworden, die das ganze Leben für eine einzige Peepshow hält. Man überschlägt sich im Heranzoomen. Die Kamera wird erbarmungslos draufgehalten. Das Detail muss en gros gezeigt werden. Jeder will in der ersten Reihe sitzen. Die Katastrophe wird ausgeschlachtet. Wir starren auf die täglichen Schreckensnachrichten und fühlen uns seltsam wohl dabei: Solange es bei den anderen so schlimm ist, geht es uns ja noch gut. Warum sollen wir uns da bessern? Das hat noch bis morgen Zeit.

Eine Gesellschaft von Kurzsichtigen ist gefangen im Starren auf Nahaufnahmen. Ich sehe die Zeiten kommen, in denen Fernseher Nahseher genannt werden. Anstatt dass sich jeder ein Bild vom Leben macht, das er zu leben versucht, lassen wir uns vor dem Bildschirm vom Leben der anderen lähmen. Wir verplempern die Zeit mit der gespielten Wirklichkeit und schauen gebannt auf Soaps wie «Rote Rosen» oder die «Lindenstraße» und wundern uns nur noch, warum es bei uns selbst nicht so drehbuchgerecht zugeht.

Die neue Kurzsichtigkeit klebt unseren Blick an die Mattscheibe und den Computerbildschirm. Wir trauen uns nicht, dem Nächsten in die Augen zu sehen. Eindrücklich erlebe ich das, wenn ich Verwandte besuche, die mit anderen älteren Menschen in einer Wohnanlage kaserniert leben. Die Angebote zum gemeinsamen Tun werden nur spärlich wahrgenommen; stattdessen dringen, wegen der Schwerhörigkeit der Bewohner, die einschlägigen Stimmen der verschiedenen Nachmittagsshows laut durch die verschlossenen Türen.

Mir fällt in mediterranen Ländern auf, dass man dort gewohnt ist, vor der Tür zu sitzen und miteinander zu plauschen.

Man macht sich im Gespräch ein Bild von der Wirklichkeit. Sosehr dabei auch die Gefahr besteht, nur noch Gerüchte breitzutreten: Da gibt es noch den Kontakt zwischen den Menschen, bei dem man sich vergewissert, dass man dazugehört. Da fällt auf, wenn einer plötzlich in seiner Wohnung schwer erkrankt. Wir brauchen einen neuen Weg, die erste, wirkliche Wirklichkeit ernst zu nehmen, in der wir leben: Es ist die Wirklichkeit im Hier und Jetzt. Heute. An diesem Ort. Mit diesen Personen. Damit kann ich etwas anfangen. Mehr jedenfalls als mit denen, die mir für einige Minuten auf der Mattscheibe etwas vorspielen.

Statt mit denen, die einen umgeben, die wahre Welt zu teilen, sucht man lieber in den Medien die Bilder vom scheinbar richtigen Leben, die man schon immer dort angeboten bekommen hat. Ein durchschnittlicher Fernsehkonsum von drei bis vier Stunden pro Werktag besagt ebenso wie die Frage der Menschen beim ersten persönlichen Kontakt zu mir, ob wir im Kloster fernsehen: Wer nicht fernsieht, nimmt nicht teil an der Wirklichkeit. Oder noch kürzer: Ohne Medien kein Mensch!

In der kleinsten Studentenbude ist immer noch genug Platz für einen Fernseher. Für manche überdimensionalen Plasmabildschirme muss wahrscheinlich erst noch die richtige Wohnung gebaut werden. Dass die Besitzergreifung des persönlichen menschlichen Lebensraums durch das Medium Fernsehen zum Begriff des Hausaltärchens führte, spricht Bände. Perfide Strategien sollen uns zwingen, andächtige Zuschauer zu bleiben. Der Filmabspann ganz klein neben dem Bildschirmfenster mit dem Anfang des nächsten Films ist da nur eine der leichtesten Übungen. Schlimmer wird es, wenn per Fernseher gezeigt wird, wovor man einst die Augen züchtig verschloss. Ich sehe schon kommen, wie der Fernseher bald nicht nur Nahseher, sondern auch Nacktseher getauft werden wird. Im digitalen Kanal finden Sie dafür heute schon die ekelhaftesten Gründe. Es scheint kaum noch jemanden zu stören, dass sich dort Menschen schlicht und ergreifend gegen alle hohen Lieder von der Würde zur Befriedigung niedriger Gefühle anbieten. Oder es werden Geschäfte mit der Angst gemacht in Ratgebersendungen, die diesen Namen nicht wert sind. Aber das übersieht die Gesellschaft der Kurzsichtigen leicht. Sie bezahlt ja auch am liebsten für die Zeitung, die Tag für Tag die unsittlichsten Entblößungen zeigt, um auf derselben Seite den Sittenstrolch zur Jagd freizugeben, selbstverständlich mit einem Foto aus dessen Familienalbum. Niemand sieht da einen Zusammenhang. Wir sind eben doch so blöd!

Aber auch was klare Bewertungen angeht, vertrösten wir uns gern auf morgen. Wir haben keine Zeit, heute zu handeln, weil wir vor lauter Bildern, die uns vom Heute gemacht werden, nicht mehr wahrnehmen können, was wirklich wichtig ist. Wir werden auf diese Weise bewusst verwirrt, ganz nach dem Motto: Alles ist schlimm. Dann macht es doch gar nichts, wenn ihr da einfach mitmacht.

Und so wird uns gebetsmühlenartig suggeriert: Wer noch keine Grenzen überschritten hat, bleibt unter seinen Möglichkeiten und ist out. Eine tugendhafte Frau? Die ist doch langweilig. Und ein tugendhafter Mann? Der kann es nicht weit bringen. Fehler? Gibt es nicht. Verzeihung? Ist nicht nötig, denn alles lässt sich erklären. (Dabei weiß jeder, der sich wirklich einmal eine Stunde der Stille in seinen eigenen vier Wänden gönnt: Wir haben ein Gewissen, das uns als Kompass untrüglich weisen kann, was wir zu tun und was wir zu lassen haben, was wir besser getan und was wir besser gelassen hätten.

Unsere Kinder bekommen Bilder vom Leben ins Hirn, die weit entfernt sind von dem, was uns in Deutschland einmal stark gemacht hat: der Glaube daran, dass es einen Sinn hat, zum Beispiel zugunsten des gemeinschaftlichen Anpackens persönlich zurückzustehen. Die Hoffnung, dass auch Tiefen ein Ende haben werden, wenn wir sie gemeinsam durchstehen. Die Liebe, die den Menschen dazu befähigt, sich an Werten zu orientieren, die ihm mehr bedeuten als der eigene Geldbeutel. Stattdessen heißt es, dass es im Leben eben «Gute Zeiten, schlechte Zeiten» gibt. Ein 30-minütiger drehbuchgerechter Episodenmix nährt Vorstellungen vom Leben, die mit der Wirklichkeit rein gar nichts zu tun haben. So schnell kann man sich überhaupt nicht streiten, versöhnen, wieder streiten, einen neuen Partner finden etc. Da alles so rasch geht, verliert unsere Jugend das Gefühl für den persönlichen Spannungsbogen des Lebens. Zu diesem gehört, dass sich alles langsam entwickelt und wir darin mit Achtsamkeit und für das Heute verantwortlich die Weichen stellen müssen. Stattdessen werden die jungen Leute glauben gemacht, es entwickle sich alles von selbst; das Wichtigste sei, dass es Spaß mache. Jetzt. Sofort. Und später noch mehr. Man müsse nur dranbleiben.

Mich wundert nicht mehr, dass die Jugendlichen es für normal halten, mit der Handycam Gewalt an Mitschülern aufzuzeichnen. Sie lassen Videos übelster Machart in der Gruppe zirkulieren und merken gar nicht, wie sie dem Werbekonzept des Anbieters auf den Leim gehen, der sich ebendadurch eine bessere Position in der Gruppe erhofft. Die Kinder tun, was sie von uns Erwachsenen lernen: Es zählt nur noch, dass die Bilder teuer verkauft werden können. Und: Je voyeuristischer und abstoßender sie sind, umso höher die Einschaltquote. Als Papst Benedikt XVI. anlässlich des Weltjugendtags 2005 auf dem Kölner Domplatz war, entschied ein Nachrichtensender, die Liveübertragung dieses friedlichen Fests abzubrechen – zugunsten der Übertragung von Livebildern einer Gewaltaktion in Israel.

(Was sich im Nachhinein als Fehlentscheidung erwies: Die Quote sank!) Und als ich vorschlug, man könne als gute Reportage die behinderten Jugendlichen nach ihren Eindrücken von der Begegnung mit dem Papst fragen, erhielt ich die lakonische Antwort: «Wir können das gern drehen, aber gesendet wird das sowieso nicht; das senkt die Quote.»

Immerhin: Sie sind nun hier vor unserem Kloster. Sie wollen sich selbst ein Bild machen. Sie sind zum echten Nahsehen entschlossen. Die offene Begegnung ist der beste Weg zu einer fundierten Überzeugung. Bei allem Respekt vor den Medien: Nichts ersetzt das Selbst-in-Augenschein-Nehmen. Gehen Sie nur recht nah heran. Wer aus einer Gesellschaft kommt, in der Kurzsichtigkeit proklamiert wird, muss sich regelrecht dazu durchringen, genauer hinschauen zu wollen. Dass Sie das nun tun, ist ein Zeichen Ihrer Liebe: Sie möchten den Wert erkennen, der im echten Leben liegt. Sie sind bereit, Ihre Einstellung auf den Prüfstand der Wirklichkeit zu stellen. Und das ist gut so! Liveerfahrung ist durch nichts zu ersetzen. Sie geben dem Wort «Interesse» die Ehre. Es bedeutet so viel wie Dazwischensein, Austausch, Begegnung und Bildung. Wir müssen wieder lernen, unsere Bilder von der Wirklichkeit mit dem zu vergleichen, was wirklich ist.

Einfach ist das nicht. Es ist sogar ein gewisses Abenteuer. Denn wenn sich durch unser aufrichtiges Interesse unsere Vorstellungen verändern, verändern wir uns damit auch selbst. Nicht umsonst hat man Kopernikus lange bekämpft, weil seine Himmelsbeobachtung die Vorstellung zerstörte, die Erde sei der Mittelpunkt der Welt. Eine ähnliche Wende steht Deutschland noch bevor, wenn wir endlich mitbekommen, dass auch wir hier nicht den Mittelpunkt der Welt bilden.

So ein Kloster, wie Sie es hier sehen, versteht sich nicht als

Tresor mit vielen Schließfächern, in denen die Brüder den eigenen Wert konservieren. Franziskus von Assisi, unser Ordensgründer, war sogar ganz gegen Klöster: Er setzte einfach nur auf Begegnung. Seine Idee war die einer verbindlichen Brüderlichkeit, die unter denen herrschen sollte, die beim Eintritt in die Gemeinschaft auf jeden persönlichen Besitz verzichtet und sich voneinander abhängig gemacht hatten. Deswegen wurde er selbst auch der Poverello genannt: einer, der sich ganz arm gemacht hat. Die eigentliche Klosterzelle, so sagte er, sei für den franziskanischen Bruder das Ordensgewand und die noch kleinere der eigene Leib. In dieser Weisung steckt Musik. Die Brüder sollten ganz offen und frei sein für den Kontakt zum Mitmenschen. Die selbstgewählte Besitzlosigkeit öffnete ihnen dafür die Türen. Wer keine Angst davor habe, etwas zu verlieren, so sagte Franziskus, könne ohne Furcht auf andere zugehen. Er brauche auch keine Waffen, um sein Eigentum zu verteidigen. So sehen Friedensboten aus! Sie können die Furcht der Menschen voreinander aufbrechen. Deswegen gab ihnen Franziskus auch den Auftrag, folgenden Gruß zu sprechen: «Der Herr gebe dir den Frieden!»

Wenn Sie sich nun mit mir ins Kloster begeben, sind Sie herausgefordert, aufzugeben, was sie an Bildern über unser Leben besitzen. Wenn Sie offen sind, werden Sie auch Bilder vergessen wollen, die Sie über Ihr eigenes Leben haben. Aus unseren Vorstellungen über das Leben müssen Begegnungen werden, die einen wirklich leben lassen und Lust an der eigenen Gestaltung wecken. Als ich zum entscheidenden Gespräch mit dem damaligen Provinzial der Kapuziner die Schwelle seines Klosters in Münster überschritten hatte, holte mich der Bruder schnell auf den Boden der Wirklichkeit zurück. Er gestand mir, dass er, der Obere, am Vorabend noch einen richtigen Krach mit den Brüdern gehabt habe. Das hat mir sehr imponiert damals. Und ich bekam Lust auf ein Leben, das so ehrlich geführt werden darf, dass auch Niederlagen benannt werden können.

Damit man die Werte erreichen kann, die hinter dieser Lebensauffassung stecken, braucht man einen Schutzraum. Die Klostermauer steht für den Rahmen, den so ein Wachstumsprozess braucht. Weil darin die Begegnung mit den Brüdern und mit Gott eine Rolle spielt, sind diese feste Klostermauer und die Tagesordnung im Gemeinschaftsleben hilfreich. Die Begrenzung gibt gleichzeitig den Freiraum für den spirituellen Wandlungsprozess, in den wir uns hineinfallen lassen. Sie werden diesen sichtbaren, erfahrbaren und begreifbaren Rahmen in den nächsten Kapiteln dieses Buchs noch näher kennenlernen. Auf unserer Besichtigungstour zeige ich Ihnen, wie wir regelmäßig beten, was uns das Essen bedeutet und wie wir unsere Termine und Orte für das gemeinschaftliche Gespräch gestalten.

Eine Klosteranlage schlägt Ihnen vor, nach dem Schutzraum für Ihr Leben zu fragen. Sie haben das Recht, nicht alles an sich herankommen lassen zu müssen. Sie müssen auch nicht alles aufbewahren, was da einmal hereingekommen ist. Trennen Sie sich von Dingen, die unwichtig geworden sind. Die Ausstattung Ihrer Wohnung darf wohlüberlegt sein. Sie sollte ein Spiegel Ihrer Persönlichkeit sein. Auch müssen Sie nicht immer für jeden und alles offen sein. Jeder darf sich Zeiten der Unerreichbarkeit einräumen. Lernen Sie von den Klostermauern, dass Telefonanrufe und E-Mails auch einmal außen vor bleiben dürfen, sprich: Sie müssen nicht immer parat stehen für all das, was an Sie heranbrandet. Und noch einmal zum Fernseher: Sie müssen keinen haben. Ob es eine Lösung ist, wie ich es immer öfter höre, den Apparat in die Abstellkammer zu bringen, um sich ganz von diesen Eindrücken abzuschließen, bezweifle ich; das hört sich eher an wie eine Bankrotterklärung. Besser ist es, wie wir zu sagen: «Ja, wir haben einen Fernseher – aber wir sind so frei, den Takt für unser Leben selbst zu bestimmen.» Auch für die Zeiten, in denen wir uns informieren oder unterhalten sein wollen.

Ein Kapuzinerkloster, wie Sie es hier sehen, ist keine imposante Erscheinung. Manche, ich sprach bereits davon, wird allein das schon enttäuschen. Vielleicht haben auch Sie eher an die großen Anlagen gedacht, die der Orden der Benediktiner hervorgebracht hat. Deren Lebenskonzept ist ganz anders als das unsrige. Sie verstehen sich eher als Abbild der himmlischen Gemeinschaft. Ihre Kirchen und Gesänge, ja selbst ihre Privaträume, sollten sich immer zu Gott erheben. Vom Herrn nahmen sie an, dass er sie zusammengeführt habe und ihr eigentlicher Lenker sei. Darum bauten sie große Klöster mit gewaltigen Kirchenräumen, die einen ehrfurchtsvoll nach oben blicken lassen. Wird darin Jesus gezeigt, stellt man ihn als den Herrn und Richter der Geschichte dar. Die Kreuzgänge etwa sind ausladende Flächen, die auf ein Kreuz hinlaufen oder um ein Kreuz herumführen. Wer in ein solches Benediktinerkloster eintritt, um Mönch oder Nonne zu werden, gibt vor Gott am Ende der Einführungszeit nur ein Versprechen ab: immer an diesem Ort zu bleiben. Man verspricht die Stabilitas loci. Mit diesem verbinden die Mönche und Nonnen bis heute natürlich auch die Gelübde, ohne (persönliches) Eigentum leben zu wollen, in Gehorsam und in keuscher Ehelosigkeit. Charakteristisch für ihre Art des Ordenslebens ist es aber vor allem, sich auf ein Leben an einem Ort einzustellen.

Die Benediktinerorden waren stark in Zeiten der Völkerwanderungen. Der heilige Benedikt von Nursia (etwa 480–547 nach Christus) gründete das Kloster Montecassino in Italien. Die Idee, eine Art perfekte Kleinstadt innerhalb der Klostermauern zu bauen, verbreitete sich rasch. Die großen Klöster im europäischen Raum bildeten Inseln der Ordnung und der Ruhe in dieser politisch sehr unruhigen Zeit. Mancherorts ließen sich die Umherziehenden im Schatten eines Klosters nieder. Kaufleute nutzten die Verlässlichkeit dieser Klöster, um bei den Mönchen ein Zwischenlager für ihre Waren einzurichten. So wurden Klöster zu Handelszentren und im 8. Jahrhundert die Keimzelle für Städte wie München, Fulda oder Münster in Westfalen. Bis heute werden solche Klöster aufgesucht, um zur Ruhe zu kommen. Es klopfen nicht so sehr Menschen an, die wie früher, durch Gewaltakte vertrieben, auf der Flucht sind. Vielmehr verhelfen die Menschen von heute all den Klosteraufenthalten, -vorträgen, -büchern und auch -likören zum Erfolg, weil sie irgendwie denken: Das Leben müsste anders laufen. Ich müsste anders ticken. Es müsste doch etwas Großartiges in meinem Leben geben, großartig wie ein solches Kloster.

Sie gleichen dem Mädchen, das mir im Hochland von Peru an seinem Eisstand eine Waffel mit gesüßtem Eiscremeersatz anbot. Auf die Frage, was es einmal werden wolle, antwortete es wie aus der Pistole geschossen: «Nach Lima!» Es nannte kein Berufsziel, kein Lebensziel, sondern einen Ort, zu dem es ziehen wollte. Und wer dann sieht, wie vor den Toren der Hauptstadt Siedlung um Siedlung buchstäblich in den Sand gesetzt wird ohne jede Versorgung mit Wasser, Abwasserkanälen oder Strom, kann verstehen, wie mich die Antwort des Mädchens erschüttert hat. Sie steht für eine Lebenshaltung, die heute allerorts in der Luft liegt: Das Hier und Heute kann nicht der Ort sein, an dem ich meine Chancen wahrnehmen kann. Hauptsache weg! Zum idealen Ort. Und kein Fernseher dieser Welt schafft es, zu sagen, dass es den nicht gibt. Dass sich jeder selbst dorthin mitnehmen muss, wo der Trost größer sein soll als hier. Und weshalb es doch einfacher wäre, gleich hier zu beginnen mit dem, was man sich vom Leben dort vorstellt.

In den Klosteranlagen hat sich das Grundanliegen, Gebet und Arbeit in gleichmäßigem Rhythmus und stabilen Verhältnissen zu verbinden, bis heute erhalten. Weltweit leben Benediktiner und Benediktinerinnen, Zisterzienser und Zisterzienserinnen von ihrer Arbeit und Wirtschaft. Durch ihre Ortsgebundenheit erschaffen sie auch heute verlässliche geistliche Zentren.

Glanz und Gloria einer solchen Lebensweise sind Gegenstand prächtiger Bildbände. Ach und Krach finden sich eher in Dramen, von denen in den letzten Jahren vor allem das Buch «Der Name der Rose» von Umberto Eco das Bild vom Mönchtum geprägt hat. Meine Brüder Mönche und Schwestern Nonnen müssen damit umgehen. Sie geben per Homepage und Kleinschriften Einblick in ihr wirkliches Leben. Und die wachsende Zahl von Klosterläden als Shop-in-Shop-Lösung für große Einkaufszentren sind ein beeindruckendes Beispiel dafür, wie findig sie sind, wirtschaftlich effizient zu arbeiten und der Öffentlichkeit durch entsprechendes Beiprogramm zu vermitteln, was ihnen im Herzen wertvoll und wichtig ist. Nur weiter so!

Angesichts eines kleinen Kapuzinerklosters müssen Sie jedoch die Glanzbilder des Mönchtums und auch die Schreckensfilme über Mönche und Nonnen vergessen. Sie bekommen keine Schatzkisten zu sehen und auch keine florierenden Wirtschaftsbetriebe. Wir sind auch nicht in großer Zahl an einem Ort anzutreffen. Kunstvolle Gesänge haben wir nicht zu bieten. Unsere Gottesdienste sind einfach. Die Architektur ist eher zweckbestimmt. Wir sind nicht erpicht auf aufwendige Ästhetik. Wir legen Wert auf ein schlichtes Miteinander.

Ein Mysterienspiel aus der franziskanischen Frühzeit spielt

mit der Erwartung, die Brüder, obwohl der Armut verpflichtet, müssten doch auch ein «ordentliches» Kloster haben: «Eine Dame namens Herrin Armut besucht die Brüder und trifft sie auf einem Hügel an. Sie fragt nach dem Kloster der Brüder. Diese zeigen auf die umliegende Ebene mit den Worten: Das ist unser Kloster, Herrin!» Eine schöne Geschichte, aus der wir den Slogan entwickelt haben: «Unser Kloster ist die Welt.» Es kommt uns nicht darauf an, in Bauten und Ländereien Schutz zu suchen. Unser Schutz ist das Vertrauen auf die Gegenwart Gottes, der für das Heute sorgt. «Macht euch keine Sorgen» (Mt 6,31), so heißt es im Evangelium. Dieses Kloster hier kann und will sich nicht selbst versorgen. Es ist angewiesen auf das, was die Leute bringen: Brot, Gartenerträge, Farbe, Zeit zur freiwilligen Mitarbeit und auch Geld. Das ist das Geheimnis der Stärke des franziskanischen Lebens: Wir haben eine Lebensform gewählt, die auf Unterstützung ausgerichtet ist. Wir brauchen unsere Nachbarn. Wir sind von unseren Mitmenschen abhängig. Und wir sagen es ihnen auch. Wir sind nicht an der Tankstelle zu finden, um dort für viel zu viel Geld ein Stück Butter und ein Brot zu kaufen. Wir klingeln lieber beim Nachbarn und bitten ihn, uns fürs Abendessen auszuhelfen. Probieren Sie es aus. Sie werden feststellen: Bitten ist am Anfang schwer. Sie sind darauf geeicht, immer als stark und satt und erfüllt und wohlhabend zu gelten. Suchen Sie sich ein Detail, wo Sie wirklich Hilfe brauchen: beim Einrichten Ihres Computers, beim Kochen einer neuen Gemüsesorte, im Büro, wo Sie im Moment nicht wissen, wie es weitergehen soll. Wer heute fragt und nicht vom Morgen eine Lösung erwartet, knüpft an andre Bande der Brüderlichkeit an. Franziskus von Assisi hat aus der Bibel aufgenommen, dass Jesus selbst nichts besaß und nicht sesshaft war. So wollte auch er sich ganz auf Gott und seine Mitmenschen verlassen – und so sollten es auch die Brüder tun. Sie sollten so beispielhaft zeigen, dass alle Menschen voneinander abhängig sind. Dass keiner ohne den anderen leben kann. Und dass keiner ohne Gott existieren kann.

Darum nennen die Kapuziner ihr Kloster auch lieber Niederlassung. Die Brüder bewohnen es nicht dauerhaft. Sie werden in der Regel alle sechs Jahre an einen neuen Ort gerufen. Meistens wird diese Pflicht intensiv diskutiert. Jeder Bruder weiß, dass Unterwegssein und Wechsel der Standorte zu seinem Lebensprofil gehören.

Darin steht ein Ordensmann den Zeitgenossen sehr nah. Unsere Pendlergesellschaft verbringt ein großes Kontingent ihrer Zeit in Auto, Bus, Bahn oder Flugzeug. Man ist im Unterwegssein daheim. Von einem Ziel zum anderen, immer in der Angst, man könne etwas verpassen. Denn wenn irgendwann einmal nichts mehr kommt, muss schon vorher möglichst viel, wenn nicht sogar alles erlebt werden. Deswegen kann sich keiner mehr wirklich irgendwo niederlassen. Wir müssen überall und wir müssen alles sein können. Versetzbar. Einsetzbar. Austauschbar. Der Kommunismus bezeichnet es als Disponibilität, der Kapitalismus nennt es Flexibilität. Jeder hat das Gefühl, bei allem mitreden können zu müssen. Oder mitchatten. Jeder muss in möglichst vielen Dingen Erfahrungen sammeln. Lieber acht oberflächliche Siebenwochenpraktika als zwei tiefgründige Lehrphasen praktischer Ausbildung. Masse statt Klasse. Und vor allem immer jung sein, stets im Frühling, und wenn es der vierte ist. Bloß nicht ans Ende denken. Denn da kommt ja nichts mehr. Darum müssen wir jetzt alles mitbekommen. Es gibt nur ein Leben vor dem Sterben. Oder, um es mit dem

Apostel Paulus biblisch-drastisch zu sagen: «Lasst uns fressen und saufen, denn morgen sind wir tot» (1. Kor 15,32).

Wer so denkt, muss möglichst viel Leben ins Leben packen. Und weil man nicht weiß, ob das, was man hat, schon das Beste ist, strebt man weiter und weiter. Genießen kann man deshalb nichts, weil man nicht weiß, ob nicht noch etwas kommt, was man noch mehr genießen müsste. Also lebt man lieber mit halber Kraft.

Das Ende vom Lied: Wir werden immer untröstlicher, je mehr wir einsehen, dass wir nicht alles schaffen werden, was Menschen erleben, lieben, aufbauen oder lesen können. Keiner erreicht es, alles zu erleben, was möglich wäre. Wir können nicht überall zugleich und gleich intensiv sein. Dennoch gehen wir mannhaft in einen Kampf, in dem die Frauen den Männern in nichts nachstehen: Urlaubsstress und Internetmanie, Autokult und Fitnesswahn lassen uns nach dem besseren Leben jagen. Wir sind von dem Wahn besessen, wir könnten es herbeizwingen. Aber nur auf den vorgeschriebenen Wegen bitte! Oder wie ist es sonst zu verstehen, dass die Fitnessjünger mit dem Aufzug zum Tempel hinaufschweben, in dem sie sich dann mit den «richtigen» Geräten bewegen. Treppensteigen sieht der Gebotekatalog der Fitness-Church nicht vor.

Jedes Sichniederlassen erleben die Dauerbewegten als Niederlage. Früher war man noch stolz auf sein Eigenheim. Heute nennt sich das Altenteil. Und wer mit 50 dann endlich «heiratet» – ich schreibe es bewusst in Anführungsstrichen –, erzählt dem Kollegen, wie ich es selbst einmal im Zug belauschte, er habe seine Altenpflegerin «geehelicht.»

Am besten mal eben weg sein – egal wohin. Und möglichst oft «mal eben». Aber bloß nicht irgendwo ankommen, wo man bleiben kann. Wir vertrösten uns angesichts der Mängel, die wir im Heute erfahren, auf das Morgen. Wir sprechen nicht über die Situation. Wir packen das Leben nicht an. Wir verabschieden uns zu früh. Wir fühlen uns geradezu verpflichtet, nicht tiefer zu bohren, sondern lassen uns vom falschen Trost locken: Woanders wird es besser sein! Wer es hier nicht mehr aushält, bricht eben wieder auf. Diese Kurzsichtigkeit verurteilt uns zu dem Gefühl, uns mitten im Abbruch auch noch «ganz doll echt» oder wie auch immer zu fühlen. Kein Wunder, dass keine andere geistliche Metapher bei den sich noch «irgendwie» spirituell gebenden Zeitgenossen eine solche Konjunktur hat wie jene, dass der Weg das Ziel sei. Als sei Gehen ein Selbstzweck! Das ist so, als würde man sagen: Das Kochen ist das Essen. Dabei weiß jeder, wie sehr die Aussicht auf ein schmackhaftes Mahl und die Freude der Gäste das Kochen beflügeln. Und macht es einem noch so viel Spaß: Ohne dieses Ziel erlahmt die Bewegung. Die Kunst, die Konfuzius meint, entsteht, wenn man auf dem Weg bleibt. Also beim Kochen wirklich kocht. Und sich nicht ständig mit der Aussicht auf die Gäste über all die Arbeit des Kochens hinwegtröstet. (Wir reden in der Klosterküche noch über die vielen Kochshows, warten Sie es ab!) Den Weg gehen (und nicht der Weg selbst) ist das Ziel. Oder anders ausgedrückt: Ich habe meinen Willen auf den Weg gerichtet, den ich jetzt gehen kann, weil ich um das Ziel weiß.

Den Gründern von Kapuzinerklöstern war klar, welches Ziel die Brüder verfolgten. Deshalb bauten sie die Niederlassungen am unbewohnten Stadtrand, dort, wo die Armen lebten. Franziskus von Assisi, der erste der Brüder, hatte entdeckt: Gott ist bei den Armen zu finden. Gott ist selbst arm geworden. Man braucht sich nur die Krippe und das Kreuz anzuschauen.

Das waren damals keine neuen Zeichen. Aber Franziskus hat sie ganz neu interpretiert. Er sah, wie arm Jesus war am Anfang und am Ende seines Lebens. Er entdeckte im Evangelium, dass Jesus ein einfacher Wanderprediger war, der sich nur noch auf Gott und auf gute Menschen verließ. Genau das Gleiche wollte Franziskus auch machen. Er lehnte den Vorschlag des Bischofs von Assisi ab, Benediktiner zu werden. Er verkaufte seinen Besitz, wurde Tagelöhner und bettelte, wenn der Lohn nicht reichte. Und das alles freiwillig. Franziskus hatte schon zehn Jahre nach dieser Entdeckung 10 000 Brüder, die so leben wollten wie er: angewiesen auf das Wohlwollen der anderen, ein Leben ohne Eigentum. In der Sehnsucht bleibend nach der Erfüllung in der Liebe, die nur Gott schenken kann: keusche Ehelosigkeit. Bereit, sich auf Lebenswege einzulassen, die man sich nicht selbst ausgedacht hat: Gehorsam.

Diese drei Gelübde gab es natürlich schon in der Kirche. Aber Franziskus von Assisi interpretierte sie so radikal neu, dass es noch heute nachwirkt. Er stellt das Bild, das viele von einem erfolgreichen Leben haben, auf den Kopf. Wer so kurzsichtig ist, dass er nur so weit sieht, wie er zählen und rechnen kann, schüttelt über Brüder mit einem solchen Lebensversprechen den Kopf. Sie halten es für unnormal.

Über 25 Jahre lang habe ich dagegengehalten: Nein, wir sind ganz normal. Wir sind nichts Besonderes. Und habe aufgezählt, was wir auch alles dürfen – sogar fernsehen! Erst jetzt fällt mir, reichlich spät, wie ich finde, auf, dass ein Ordensbruder ganz unnormal ist. Und nicht nur wegen der Gelübde, sondern allein schon aufgrund der Tatsache, dass er für ein ganzes Leben ein Versprechen abgegeben hat. Das macht ihn zu einem Sonderling.

Es geht ihm damit in Deutschland so wie dem Bäcker, der mit 24 Jahren einen Betrieb leitet und im Prüfungsausschuss der Innung sitzt: Ein solcher Mann bringt seine Altersgenossen zum

Staunen – und selbst ich habe ihn bestaunt. Einen, der sich festgelegt und nicht gewartet hat auf bessere Zeiten. Oder die beiden Verliebten, die nach zwei Jahren Freundschaft mit 22 Jahren heiraten wollen. «Ich stell Sie ins Museum», habe ich denen gesagt. «Das, was Sie tun, hat Seltenheitswert!»

Das sind für mich die Vorbilder Deutschlands. Sie warten nicht auf den großen Knall, auf das echteste aller echten Gefühle, auf die größte aller Chancen. Sie lassen sich nieder im Hier und Heute. Weil sie weitsichtig sind und wissen, dass niemand alles haben kann, nehmen sie schlicht jetzt die Gelegenheit in die Hand, des eigenen Glückes Schmied zu werden. Der Bäcker wollte nicht kurzsichtig mal für die nächsten drei, vier Jahre etwas ausprobieren. Die beiden Verliebten wollten sich nicht auf eine Kurzzeitstrecke einlassen. Sie waren sich gegenseitig viel zu wichtig, als dass sie sich nur ausprobieren wollten. Ganz davon abgesehen, zeigt die Erfahrung, dass Langzeitausprobierer fast noch schneller auseinandergehen nach der Heirat als jene, die der Wirklichkeit glaubten, die unter anderem auch Papst Johannes Paul II. ausgesprochen hat: Man kann nicht auf Probe lieben.

Das Ganze der Klosteranlage lädt dazu ein, auch das Leben als ein Ganzes zu sehen. Der Mensch ist nicht ein Puzzle aus lauter Erlebnissen, die man heute hier, morgen dort aufsammelt.

Wir müssen uns von den Bildern frei machen, die uns in Versuchung führen, eine perfekte Zukunft schaffen zu wollen. Die Erfahrung lehrt: Es kommt sowieso anders, als man denkt. Es gibt nicht den kommunistisch gedachten zwangsläufigen Weg ins irdische Paradies – dem so unheilvoll nachgeholfen wurde. Und es gibt auch nicht den kapitalistisch gedachten Weg, auf dem sich der Reichtum von selbst verteilt und deswegen jeder nur für sich selbst zusehen muss, wie er dazu kommt.

Wir brauchen eine Befreiung zum Handeln, das weder auf ein besseres Morgen wartet noch auf ein geheimnisvolles, aber in jedem Fall irgendwie besseres Leben. Der beste Weg dahin: das biblische Bilderverbot. «Du sollst dir kein Bild von Gott machen!», heißt es. Die dringende Ergänzung lautet: «Du sollst dir kein Bild von dir selbst machen!» Und auch nicht von deiner Frau und deinen Kindern …

Wir dürfen uns nicht mehr auf einen Punkt X vertrösten lassen, an dem der ultimative Kick kommen soll, die beste Arbeit, die passendste Partnerin: der Punkt, an dem man erst richtig leben könne. Im Stieren auf ein Bild vom perfekten Leben, das wir uns gottgleich selbst schaffen wollen, kommen wir keinen Schritt mit uns selbst voran. Wir eilen von Enttäuschung zu Enttäuschung. Und warten im größten Glück schon auf das nächste Glück.

«Mensch, werde wesentlich!», meint der Barockdichter Angelus Silesius. Die Klosteranlage, vor der wir hier stehen, will uns Kapuzinern als Niederlassung dienen, damit wir das werden können: wesentlich. Drinnen ist es ruhig. Es herrscht eine Lebensordnung, die wir uns gegeben haben. Im Mittelpunkt unseres Lebens steht nicht das, was wir leisten. Wesentlich ist, was wir geschenkt bekommen: was wir einander geben, was wir von unseren Mitmenschen erhalten. Und was wir von Gott bekommen. Bevor wir nun hineingehen, schauen Sie einen Moment dahin, wo Sie sich niedergelassen haben. Oder wo Ihnen noch nicht wohnlich zumute ist, weil Sie noch auf dem Sprung sind. Versuchen Sie den Weg in das Claustrum Ihres Herzens. Die äußeren Anforderungen dürfen mal außen vor bleiben. Sie lassen zu, was Ihnen eigentlich wichtig ist. Sie kehren bei sich ein und können vielleicht sogar ahnen, dass Sie, recht betrachtet, arm sind wie ein Kapuziner. Ist nicht alles ein Geschenk? Haben wir nicht viel mehr gratis in die Wiege gelegt und mit auf den Lebensweg bekommen, als wir verdient haben? War, bevor es uns gab, nicht schon vorher ein anderer da?

Nimm Gott mit ins Bild. Jeder ist nach seinem Bild und Gleichnis geschaffen. Wer sich dieser jüdisch-christlichen Überlieferung annähert, wird weitsichtig und gelassen wie ein Kapuziner. Er empfängt in der Klausur seines Herzens von Herzschlag zu Herzschlag die Zusage: «Mensch, aus dir wird schon was werden!»

2. Die Klosterpforte

«Grüß Gott – wenn du ihn siehst.» Oder: Ironie macht immun

Bei uns fällt man nicht mit der Tür ins Haus. Eine gute Begegnung braucht Achtsamkeit für den Zwischenraum. Sie gehen aus dem Lärm der Straße in die Stille unseres Hauses. Eine Niederlassung der Brüder will Sie aus der Alltagshektik herauslösen, wenn Sie heimkommen, ankommen. Unsere Gäste sollen Zeit haben, sich einzustellen auf die Begegnung mit uns, mit sich selbst und hoffentlich auch mit Gott. Deswegen gibt es nach der Hauptpfortentür eine weitere Zwischentür. So entsteht ein kleiner, aber wichtiger Raum, der die Schwelle bildet, über die es ins Innere des Hauses geht. Hier kann sich der heimkehrende Bruder sammeln. Diese Stelle lädt unsere Gäste zur Konzentration ein, und sie fragen sich: «Was wollte ich eigentlich, als ich mich entschloss, zu den Brüdern zu gehen?»

Dieser Bereich ist sehr karg, werden Sie feststellen, sobald Sie ihn mit Ihrem Flur daheim vergleichen. Sind Sie sich bewusst, dass es in Ihrer Wohnung auch nicht einfach so weitergehen darf wie draußen? Wenn Sie Ihr Leben wirklich gestalten wollen, brauchen Sie bis in den Flur hinein Signale, die Sie auffordern, daheim nicht einfach so weiterzudrehen am Rad der Überfülle und Überforderung.

Ich brauche mir nur so manches Klingelschild anzusehen, um mir vorstellen zu können, wie flüchtig die Bewohner auch sonst in ihrem sogenannten Daheim leben. Da möchte man doch schon gar nicht draufdrücken. Es könnte sonst sein, dass einem beim Öffnen der Wohnungstür eine Welt wie draußen entgegenkommt, die man doch eigentlich hinter sich lassen wollte. Bei uns im Kloster hängt heute zwar nicht mehr das alte Seil, über das man früher eine altehrwürdige Pfortenglocke zum Klingen brachte, stattdessen wird der Bruder Pförtner mit einer elektrischen Rufanlage informiert. Diese sendet ein Signal auf ein schnurloses Telefon. Das hilft uns, die Stille im Haus zu wahren.

Wenn der Pförtner zur Tür geht, stellt er sich auf die Begegnung ein. Auch Sie als Gast können Ihre Gedanken jetzt noch ordnen. Es geschieht, was dieser Bereich des Klosters auch baulich signalisiert: Hier hat man Raum und Zeit, sich zwischen Draußen und Drinnen auf die Begegnung einzustellen. Das ist uns wichtig: Denn eine Begegnung kann die ganze Welt verändern. Im Gespräch können Ideen aufkommen, die uns hier und heute neu werden lassen. Wir kennen das gut: Da hat sich einer ein Herz genommen, und dann ist er im letzten Moment doch wieder gegangen. Sein Leben hätte mit dieser Begegnung heute schon anders werden können. Aber er bleibt doch lieber im alten Sumpf, weil er sich damit ja auskennt.

Die Klosterpforte lässt uns diese Freiheit. Selbst wenn die Tür schon geöffnet wurde, lässt die Schwelle noch Gelegenheit, sich mit Anstand wieder voneinander zu verabschieden. Es muss nicht jeder mit jedem zu einer guten Begegnung finden können. Diese Annahme gehört zu den Irrtümern vieler Unglücklicher, die meinen, sie müssten mit allen Menschen zurechtkommen. Die Magazine sind voll von Tipps dafür. Mir hat in diesem Zusammenhang immer schon die katholische Erbsündenlehre gefallen. Sie besagt ganz realistisch, dass wir nicht im Paradies sind. Das gilt auch für die Beziehungen untereinander. Ein vollkommenes Netzwerk wird es auf Erden nicht geben. Selbst in einer Brüdergemeinschaft nicht. Franziskus nennt sich deswegen auch «Bruder von der Buße». Dabei meint er mit Buße, sich täglich aufs Neue Gott und den Mitmenschen zuzuwenden. Er rechnet damit, dass Fehler und Unzulänglichkeiten passieren können. Das bewahrt ihn davor, bei den Enttäuschungen stehenzubleiben, die das Leben mit sich bringt. Vielleicht war er deswegen so hellwach für den Augenblick. Wer weiß, dass Fehler einfach dazugehören und etwas misslingen darf, traut sich viel leichter, etwas erneut zu beginnen.

Wer aber ständig denkt, alles müsse vollkommen sein, einschließlich seiner selbst, gerät in die Ironiefalle. Da man ja auf jeden Fall als der Bessere erscheinen will, wird alles und jedes in der Umgebung niedergemacht. Jede echte Begegnung wird durch die ironische Grundhaltung unmöglich. Man redet nur noch in Anführungszeichen. Die «heilige» Kirche oder die «fleißigen» Beamten. Das «aktive» Ministerium oder die «engagierte» Politikerin. Man ist sich einig, wie schlimm die Welt ist und wie furchtbar der Nachbar. Die Konzerne, das weiß ja jeder, sind voll von Managern, die nur ihre persönliche Karriere verfolgen. So geht das in einem fort. Ein ganzes Volk geht auf Distanz. Und ergeht sich in feiner Ironie.

Wer ironisch ist, meint das Gegenteil von dem, was er gerade äußert. Vor allem Wörter, die Werte meinen, fallen der Distanzierung zum Opfer. Von ironischer Anspielung über spielerischen Spott und die Polemik bis hin zum Sarkasmus werden Liebe, Vertrauen, Tatkraft, Gemeinschaftssinn und vieles andere zum Thema von Sendungen, die in Comicform oder echter Spielhandlung die Leute zum Lachen bringen wollen. Der ironische Unterton sorgt dafür, dass man schön auf Distanz bleibt. So bringt man sich gar nicht erst in die Gefahr, dem zu begegnen, was wertvoll ist. So hält man sich den Werteanspruch vom Leib.

Da dürfen die Kirche und ihre «guten» Hirten natürlich nicht fehlen – die Anführungsstriche machen deutlich, dass nicht sein kann, was nicht sein darf. Gäbe es so etwas wie verlässlich gute Menschen in der Kirche und solche, die fürsorglich und herausfordernd führten, gemäß echten Motiven, müsste man sich ja letztendlich noch damit beschäftigen. Und schließlich kommt auch noch Gott dran, der «liebe» Gott. Der, man glaubt es kaum, von manchen tatsächlich noch gedacht wird als ein Gott «im Himmel» – als könnte es so etwas geben. Um sich dem nicht stellen zu müssen oder, wir stehen an der Klosterpforte, um nicht in den Himmel eintreten zu müssen, hat sich ein ironisches Grüß-Gott-wenn-du-ihn-siehst! breitgemacht. Der Gruß war einst ein Segen: Gott sende dir einen Segensgruß. Das ist vor einer Begegnung hilfreich. Der, der sich wirklich auf jemanden einlassen will, der weiß ja nicht, was kommen wird. Da möge, so der Wunsch, Gott schon einmal vorausgehen. Seine Gegenwart ermutigt dazu, sich hier und heute wirklich einzulassen.

Die Verballhornung macht aus dem Segen einen Witz. Man gibt sich vielsagend und wissend – dass Gott nämlich nicht da ist – und löst durch den vermeintlich lockeren Scherz die Spannung auf, die in der Begegnung liegt. Man möchte sich nicht ansprechen lassen. Es soll ja alles so bleiben. Segen zu erbitten hieße, man hätte nicht alles im Griff. Die ironische Betrachtung führt Gott für die eigenen Zwecke im Mund. Man will überheblich wirken, um die Situation unter Kontrolle zu haben. Denn was soll der andere antworten können auf das abfällige Wenn-du-ihn-siehst? Die Leichtigkeit, mit der selbst mir das hingeworfen wird, belegt zudem, wie sicher der Sprecher sich sogar gegenüber einem Gottesmann fühlt. Seine Ironie soll auch mich treffen: Außer ein paar Hinterwäldlern tritt doch sowieso niemand mehr ernsthaft für Gott ein.

Und was eine vermeintliche Minderheit vertritt, darf man lächerlich machen. Denn die Mehrheit, ja die Mehrheit glaubt, sie könne nur glauben, was sie sieht. Und Gott sieht man nicht. Gott ist kein Ernst, flößt uns die Ironie in der Sprache ein. Und was man nicht ernst nehmen muss und auch gar nicht ernst nehmen kann, das kann einem auch nicht gefährlich werden.

Wir hier im Kloster nehmen Gott ernst. Deswegen nehmen wir mit der Gestaltung unserer Pforte auch die Menschen ernst, die sich auf den Weg zu uns machen. Viele hoffen nämlich, dass sie bei uns von Ironie verschont bleiben. Sie suchen Mitmenschen, die nicht durch ein herablassendes Gerede über Gott und die Welt auf Distanz gehen. Bei uns Kapuzinern gilt das Wort unseres Ordensgründers. Die Brüder sollen, wie Franziskus schreibt, mit jedermann «anständig reden, wie es sich gehört» und «unterwegs kein Wortgezänk» beginnen. (Dass es das trotzdem auch im Kloster gibt, damit rechnen wir. Sie wissen es schon: wegen der Erbsünde …) Wer zu uns an die Pforte kommt, darf echte Begegnungen erwarten, in denen man sich nicht verstecken muss. Er darf auf Mitmenschen hoffen, denen man zeigen kann, was wirklich los ist im eigenen Leben. Wer zu uns kommt, braucht seine Probleme nicht auf die lange Bank zu schieben. Immer wieder bin ich davon berührt, wie viel Vertrauen unser Kloster in Menschen weckt. Hier ist der Ort, an dem gemeint wird, was man sagt. Hier sind Leute, die das Leben anpacken, die dem Suchenden begegnen möchten. Die sich nicht fürchten, dass eine Begegnung ihre Welt verändern kann. Hier. Heute.

Deswegen finden sich bei uns Bettler ein. Wir behandeln sie von Angesicht zu Angesicht wie unsere Brüder. Dass wir dabei auch klug sind und nicht alles geben, was sie von uns erwarten, gehört mit zur Wahrhaftigkeit in der Begegnung. Durch diesen Eingang hier kommt der Sünder zu uns ins Haus, der seine

Schuld bekennen will und auf Vergebung hofft für das, was er sich selbst nicht vergeben kann.

Ich habe hier auch schon Zeugen Jehovas begrüßt, die in ihrer unverwechselbaren Unverfrorenheit auch bei uns eine Bekehrung versuchten. Sie machen auch vor unserem Kloster nicht halt mit ihrem peinlichen Geschäft, anderen ihre Meinung aufdrängen zu wollen. Manchmal klingelt auch ein Kind aus der weiteren Nachbarschaft und bittet darum, dass einer von uns mit ihm einkaufen geht: Den Eltern fehlt es am Nötigsten, auch daran, für ihre sechs Kinder den Einkauf für die letzte Woche des Monats zu tätigen. Der Pfarrer des Orts, an dem wir wohnen, findet sich an der Pforte ebenso ein wie der Sprecher einer Initiative unserer Nachbarschaft, die sich für die Regulierung des Durchgangsverkehrs einsetzt, der auch an unserem Haus vorbeibraust. Natürlich kommen auch persönliche Freunde von unseren Brüdern an der Pforte vorbei und hin und wieder auch Eltern, Geschwister oder andere Verwandte.

Fast täglich bitten uns Menschen um Nahrung. Wir halten einen kleinen Raum mit drei Stühlen und einem Tisch für sie bereit. Manche sind echte Durchreisende, die man früher auch mal Handwerksburschen nannte. Die größte Gruppe bilden jedoch verelendete Männer und Frauen, die einfach nicht die Kurve kriegen zu einem neuen Anfang. Was man ihnen auch anbietet, alles prallt an ihnen ab. Wir helfen am besten damit, dass wir ihnen nicht helfen wollen. Damit meine ich: Wir möchten ihnen nicht sagen, wie sie unserer Meinung nach zu handeln hätten. Ich habe vielmehr im Laufe meines Kapuzinerlebens gelernt, sie wirklich als Brüder oder Schwestern zu sehen. Sie nötigen mir Respekt ab. Ich kann nicht auf sie herunterschauen, aber ich stelle sie auch nicht auf ein Podest. Sie leben ihr Leben, so armselig es auch sein mag, offenbar mit Würde. Das lässt mich manchmal staunen. Ich spreche mit ihnen ganz ehrlich. Sie kennen darum mein Entsetzen über ihre Untätigkeit. Ich lasse sie mein Unverständnis spüren. Freundlich, aber bestimmt, kann ich ihnen auch sagen, wenn in mir die typischen Gerüche der Verwahrlosung Ekel aufkommen lassen. Ich käme aber nicht auf die Idee, dann von «Sauberkeit» in Anführungsstrichen zu reden, nach dem Motto: Heute riecht es aber wieder «gut» hier. Damit blockierte ich die Begegnung nur. Mir liegt daran, dass sich in diesen Menschen etwas bewegt. Deshalb lasse ich sie spüren, dass ich auch eine Würde habe. Die will ich in der Begegnung gewahrt wissen. Auch wenn mir die Pflicht obliegt, mich den Armen zuzuwenden: Es gibt umgekehrt auch die Pflicht der Armen, sich mir zuzuwenden. In diesem Fall: mich durch den Geruch nicht zu beleidigen. Zu meiner Pflicht gehört mein Recht. Und zum Recht des Armen gehört auch seine Pflicht dem gegenüber, der auf ihn zugeht.

Ich spreche hier bewusst an der Pforte von den Armen, weil hier der Ort ist, an dem sich alles Herablassende verbietet, durch das sich die Ironie auszeichnet. Die Pforte ist der Ort der Begegnung auf Augenhöhe. Hier gilt das alte Wort aus der Ordensregel des heiligen Benedikt: Man solle in jedem Gast, dem man auftut, Jesus Christus begrüßen. Das ist viel mehr als die Anstandsregel, dass man sich nicht über einen anderen erheben soll. Vielmehr steckt der Hinweis darin, dass Gott in jeden, der sich mir nähert, eine Chance für mich hineingelegt hat.

Noch weiter geht die Aufforderung des heiligen Franziskus an seine Brüder: Man solle besonders froh sein, wenn sich Arme und Verachtete in der Gemeinschaft einfänden. Vermutlich steckt hier seine Erfahrung dahinter, dass man am schnellsten lernt, seine Zunge im Zaum zu halten, wenn man denen nahe ist, über die man gerade noch gelästert hat. Franziskus sagt an anderer Stelle, wir sollten in Abwesenheit eines anderen über ihn nur das reden, was wir auch in Liebe in seiner Anwesenheit sagen würden. Sosehr man auch im Kloster noch weit davon entfernt ist, sich nie spöttisch über Abwesende das Maul zu zerreißen, so schmerzlich geht einem dann trotzdem fast täglich auf, wie dumm man in manchen Situationen mal wieder geschwätzt hat: immer dann, wenn in den Gebeten von den Schwestern und Brüdern die Rede ist, und zwar nicht ironisch, sondern mit göttlichem Ernst.

Kein Mensch ist vor Gott mehr als ein anderer. Deswegen sehe ich Gott auch so deutlich. Mir ist nämlich klar, dass von uns Menschen keiner über dem anderen steht. Und dass ich mich mit keiner noch so spitzen Zunge dazu anschicken darf, größer sein zu wollen als andere. Statt mir den anderen mit ironischen Bemerkungen vom Leib zu halten, packe ich lieber heute schon die Gelegenheit beim Schopf, meinem Gegenüber, wenn auch nicht alles, so doch einiges von mir zu zeigen. Wo Wahrhaftigkeit aufblitzt, verstummt die Ironie. Wenn mir einer auf mein Grüß Gott antwortet: «Wenn du ihn siehst!», gebe ich deshalb gern zurück: «Wieso wenn? Ich sehe ihn doch. Hier. Zwischen dir und mir!»

3. Das Sprechzimmer

«Ganz kurz: Wie geht's?»
Oder: Begegnung braucht Zeit

Bei uns fällt man nicht mit der Tür ins Haus. Wir haben Zeit. Und wir geben Ihnen Zeit. Unser Bruder Pförtner hat den Schlüssel dazu. Er empfängt Sie an der Pforte und führt Sie ins Sprechzimmer. Ich kann mich noch gut erinnern, wie das für mich beim ersten Mal gewesen ist. Ein halbes Jahr vor meinem Abitur. Mit dem Bus war ich über eine Stunde nach Münster in Westfalen gefahren. Nach dem Klingeln wartete ich mit nicht geringem Herzklopfen. Ich kannte den Bruder nicht, mit dem ich telefonisch einen Termin vereinbart hatte. Ich wollte mit ihm über meine Zukunft sprechen, vielleicht auch als Kapuziner. Als mir zunächst einmal «nur» der Pförtner öffnete, war ich geradezu erleichtert. Seine Freundlichkeit stärkte meinen Mut, der mich vor der Pforte fast verlassen hätte. Er begrüßte mich einladend und führte mich ins Sprechzimmer. Ich kann nicht sagen, dass es modern eingerichtet gewesen wäre. Aber irgendwie war mir klar: Hier waren schon viele Menschen vor mir gewesen. Ich bin nicht allein mit meinen Fragen, wie mein Leben weitergehen soll. Der Bruder Pförtner bot mir einen Stuhl an. Ich setzte mich. Er ging, um den Bruder zu holen, mit dem ich den Termin vereinbart hatte. Dann war ich allein. Und ich hatte Zeit. Meine Seele konnte sich ordnen. Sie war nun vorbereitet auf diese Begegnung.

Das Kreuz an der Wand, ein Bild des Ordensgründers, eine

Zeitschrift mit Berichten über die Arbeit der Brüder: Das Sprechzimmer zeigte mir deutlich, dass ich nicht bei einem einzelnen Menschen eingekehrt war. Wenn ich auch mit einem der Brüder allein reden würde: Hier im Kloster ist es immer so, als spräche man mit der ganzen Gemeinschaft, auch wenn nach seelsorgerlichen Gesprächen natürlich keiner etwas weitererzählt von dem, was er im Sprechzimmer erfahren hat. Aber das gemeinsame Gebet und das brüderliche Zusammensein lässt die Anliegen, die ein einzelner Bruder im Sprechzimmer aufnimmt, sozusagen inkognito immer von allen mitgetragen sein. Darin liegt das Geheimnis dieser Räume im Eingangsbereich des Klosters: Wer sich allein fühlt mit seinen Fragen und Sorgen, erhält hier im Sprechzimmer Zeit für die Seele; ein Mitmensch hat ein offenes Ohr, der mit seinem Leben in der Brüdergemeinschaft ein lebendiger Zeuge der Hoffnung ist, dass ein Leben in Menschengemeinschaft möglich ist.

Diese Hoffnung haben in Deutschland schon viele aufgegeben. «Wissen Sie, man kann heutzutage sowieso keinem mehr trauen!», höre ich oft in diesem Raum. Eine ganze Nation zieht sich in die eigenen vier Wände zurück und wartet auf bessere Zeiten. «Bei mir zu Hause fühle ich mich am sichersten!», ist ein weiterer Satz aus dem Munde derer, denen einerseits zum Weglaufen zumute ist und die sich andererseits doch entscheiden, lieber daheim zu bleiben. Gierig saugen sie Nachrichten von allerlei kriminellen Taten auf. Die sind in Deutschland zwar in der Minderzahl, gewinnen aber regelmäßig den Kampf um den ersten Platz in der Berichterstattung einschlägiger Tagesblätter. Diese sind gerade deshalb so erfolgreich. Deutschland lässt sich tagaus, tagein gern bestätigen, dass «alles» irgendwie schlimm und schlimmer geworden sei. Und enden werde das sowieso «alles» ganz schrecklich.

Was bleibt einem da anderes übrig, als ständig auf der Flucht zu sein. Wir stürzen aus dem Haus, ins Auto und in den Zug. Wir hetzen uns von Termin zu Termin in der Arbeit. Die Freizeit nehmen wir noch gleich mit ins Fluchtgeschehen; sie ist auf dem besten Weg, Stressfaktor Nummer eins zu werden. Selbst höhere Energiepreise vermögen das Weglaufen vor sich selbst, vor Nachbarn, Arbeitskollegen oder dem Leben daheim nicht aufzuhalten. Ein flüchtiges Ich-bin-dann-mal-eben-weg gerät zur Formel für die neue Selbstvergewisserung, ganz nach dem Motto: «Ich flüchte, also bin ich.»

Anerkennung findet, wer von Reisen zu Zielen in Übersee berichten kann. Dabei zählt weniger das Staunen darüber, dass sich jemand eine solche Reise leisten kann. Selbst große Reisen kosten ja oft weniger als ein Urlaub im eigenen Land. Nein, das Prestige wird gewonnen aus der Bestätigung des Volksklimas, hier und heute sei alles sowieso nicht zum Aushalten. Auch Kurzurlaube in der Schweiz, in Italien, Spanien, Norwegen oder Ungarn, verbunden mit je einem ganzen Tag auf vollen Autobahnen, um gerade mal zwei oder drei Tage vor Ort sein zu können, finden Bewunderung. Wer die negative Ökobilanz eines Volks auf der Flucht anspricht, gilt als Spielverderber. Hauptsache weg. Wofür und wohin, ist egal. Hauptsache unterwegs. Nirgendwo bleiben. Dort nicht. Und schon gar nicht daheim.

Die Folgen sind gravierend: Wir verlieren uns. Wer nämlich ständig auf der Flucht ist, kann nichts mehr richtig erleben. Aus Flucht wird Flüchtigkeit. Masse statt Klasse. «Ganz kurz: Wie geht's?» heißt die K.-o.-Formel, mit der wir dem anderen so begegnen, dass ja keine Begegnung stattfinden kann. Wirkliches Interesse im Wortsinn ist out: kein gegenseitiger Austausch, kein befruchtendes Gespräch, keine Begegnung, die verwandeln darf und die Gegenwart erfüllt. Nein, wir hetzen lieber von einer flüchtigen Begegnung zur nächsten. Mit Stolz brüsten wir modernen Nestflüchter uns mit der Anzahl von Kontakten, die wir nicht in einem, nicht in zwei, nein, in drei oder mehr virtuellen Netzwerken unterhalten. Und mancherorts wird dort dann gar von Freunden gesprochen, die man hinzufügen kann, oder von Freundschaft, die man einem anderen vorschlagen kann. Man entblödet sich nicht, von Netzwerken zu sprechen. Doch wer kann schon mehr als drei oder vier Freundschaften wirklich pflegen? 264 Freunde, wie mir einer wichtigtuerisch offenbarte, sind jedenfalls eindeutig zu viel. Und so gut wie keiner ist darunter, der aus der Virtualität heraussteigt in mein Hier und Heute, wenn der Tag gekommen ist, an dem ich wirklich einen Freund bräuchte.

In diesem Sprechzimmer stranden jene, die überall waren, aber nirgendwo angekommen sind. «Wie gut, dass ich hier mal einfach ausruhen kann!», gehört zu den Standardsätzen derer, die es hierhin geschafft haben. Sie haben sich ein Herz genommen und ihrem Leben einen Halt verordnet. Sie wollen auf einen Menschen treffen, der sich und ihnen Zeit für die Begegnung gibt. Und sie wollen üben, ein anderer Mensch zu sein: einer, der leben kann, ohne sich ständig von etwas losmachen zu müssen. Einer, der es aushält, hier und jetzt eine Stunde mit dem anderen in einem Raum zu sein. Einer, der im Hier nicht schon gleich wieder an das Dort denkt. Einer, der ahnt, dass es nicht auf die Masse an Kontakten ankommt, sondern auf die Klasse einer Begegnung.

Wir brauchen solche Zonen, die wir für die Begegnung reservieren. Wie der Termin im Klostersprechzimmer ist der Satz «Ich möchte gern mit dir sprechen!» selten geworden. Und weil er so rar ist, klingt er gleich bedrohlich und bekommt reflexartig die Antwort «Was ist denn los?» oder «Was ist denn passiert?»

oder «Was habe ich denn verbrochen?». Auf die Idee, dass wir einander begegnen möchten, weil es eine Freude ist, einfach Zeit füreinander zu haben, kommen wir, wenn überhaupt, nur selten.

Was dem Kloster das Sprechzimmer ist, kann Ihnen für eine bestimmte Zeit Ihre Wohnung werden. Der Wohnzimmertisch, der für den Gast aufgeräumt und geschmückt wird. So viel Zeit ist immer, die Zeitschriften beiseitezuräumen, das Bücherregal zu ordnen, mit dem Staubsauger einmal über den Boden zu fahren und ordentlich zu lüften. Ein kleiner Luxus ist die Blume auf dem Tisch, darunter ein passendes Deckchen. Vermeiden Sie es, Freunde oder Bekannte in Ihrem Chaos willkommen zu heißen.

So wie der Bruder sich auf dem Weg von seiner Zelle zum Sprechzimmer auf das Gespräch einstellt, braucht jede Begegnung ihre Vorbereitungszeit. Und wenn Sie gerade gedacht haben, Sie seien statt in einem Kloster bei Herrn von Knigge gelandet: Ja, viele Umgangsformen haben keinen anderen Sinn, als der Begegnung Zeit zu geben. Die beste Voraussetzung dafür: nicht jemanden «mal eben zwischendurch» reinlassen, kein hektisches Beiseiteräumen von all dem Plunder, der sich angesammelt hat. Das signalisiert nur: Du störst. Mach's kurz. Stattdessen – schauen Sie sich das Sprechzimmer hier an – eine gewisse Ordnung im Äußeren, die den Rahmen gibt für eine Begegnung, in der auch Unordentliches zur Sprache kommen darf.

Wer im Kloster empfangen wird, kann vom ersten Eintritt und Warten im Sprechzimmer lernen. Stürzen Sie nicht aus dem Auto an die Hausklingel und dann die Treppe hinauf in die Begegnung hinein. Sie sind nicht auf der Flucht. Schalten Sie den Motor aus. Atmen Sie zweimal tief durch, bevor Sie zur Tasche greifen. Bleiben Sie einen Moment vor der Tür stehen, bevor Sie klingeln. Gehen Sie langsam. Nach der Begrüßung ein weiterer Atemzug: Wer drauflosplappert, nimmt sich die Chance, die Atmosphäre aufzunehmen, in der die Begegnung stattfinden wird.

Überhaupt: das Schweigen. Hier im Sprechzimmer wird viel mehr geschwiegen, als der Ausdruck «Sprech»-Zimmer vermuten ließe. Das ist für manchen, der noch ganz im Fluchtverhalten gefangen ist, zunächst unangenehm. Er wittert Gefahr: «Was wollen Sie von mir? Was denken Sie von mir?» Wir besprechen dann, dass ich mir und ihm Zeit geben will, zu erfassen, was gerade zwischen uns geschieht. Und manchmal passiert es, dass aus dem Schweigen heraus ein Thema ins Gespräch kommt, das von meinem Gegenüber gar nicht so geplant war: «Darüber wollte ich ja gar nicht reden», lautet die überraschte Reaktion zwischendurch – und er findet sich mitten in Gedanken, die Teil der Lösung eines Problems sind, von dem er sich doch eigentlich meinen Rat erhoffte.

Bauen Sie auch in Ihr Leben Sprechzonen ein, in denen solche überraschenden Einsichten auftauchen können. Vereinbaren Sie beim Spaziergang im Park, am Kaffeetisch oder in einer Arbeitspause mit Ihrem Partner, Freund oder Kollegen, dass es auch Zeiten des Schweigens geben darf. Die modernen Flüchtlinge brauchen solche Anleitungen zum Bau von Räumen der Begegnung. Sonst bleibt für sie die Stille das Signal: aus, Ende. Und weiter.

Überraschen Sie Ihr Gegenüber mit der Einladung: «Es macht mir nichts aus, wenn wir während unseres Gesprächs auch gemeinsam schweigen.» Sie können am Anfang einer Begegnung auch das Ende schon ansprechen. «Schön, dass wir uns treffen. Die nächste Dreiviertelstunde gehört uns allein.» Mit solchen

Worten geben Sie dem Gespräch eine Zeitform. Sie hilft, Reden und Schweigen zu konzentrieren.

Man kann nämlich nicht alles mal eben schnell bereden. Versuchen Sie nicht, alles anzusprechen. Machen Sie sich keinen Plan. Gehen Sie schon gar nicht mit dem Vorhaben in eine Begegnung, den anderen zu irgendetwas drängen zu wollen. Sobald Sie ein wichtiges Anliegen haben, gewinnt es an Bedeutung, wenn Sie alles offenlegen und eher etwas anbieten, als darum zu werben. Im Mittelpunkt Ihrer Gespräche stehe die Suche nach der Wahrheit; alles andere wäre Manipulation.

Verlassen Sie sich darauf, dass schon zutage tritt, was hier und jetzt wichtig ist. Dafür braucht es den ganzen Mut, jede Begegnung so ernst zu nehmen, als sei sie die letzte. Mich erinnert unsere Uhr im Kreuzgang daran: «Una ultima» steht auf ihr geschrieben. Eine Stunde ist die letzte. Auf dem Weg zum Sprechzimmer lädt sie mich ein, niemanden wichtiger zu nehmen als den, der mir jetzt begegnen wird. Auch wenn ich gespannt bin, wer mich verwandeln wird, wer da auf mich zukommt: Ich heiße ihn willkommen. Er kommt aus seinem Leben zu mir und tritt in mein Denken und Fühlen ein. Wir lassen uns in dem Rahmen, den wir uns stecken, Zeit.

Mir ist das unbefangen möglich, weil ich als Kapuziner in jedem, egal wie er ist, Jesus Christus auf mich zukommen sehe. Alle Menschen sind für mich da wie eine Fülle von Aspekten, mit denen sich mir der Mensch «Jesus» heute zeigt. Ich bin schlichtweg neugierig, wie Gott sich mir denn jetzt schon wieder präsentieren will. «Die Brüder sollen mit jedermann anständig reden, wie es sich gehört», schreibt uns Franziskus von Assisi in die Ordensregel. Die sprichwörtliche Volksverbundenheit der Brüder hat wohl darin ihren Ursprung: Es ist uns egal, ob einer berühmt oder unbekannt, reich oder arm, schuldig oder makellos ist. Wir können mit allen gleich gut umgehen, zumindest mit fast allen. Denn auf wen wir auch treffen: Er ist für uns ein Aspekt aus der Fülle Gottes. Im Einzelnen kommt diese Fülle auf uns zu. Ihm wenden wir uns wach und aufmerksam zu. Ich denke nicht daran, was mir noch alles begegnen wird. Ich beginne jede Begegnung so ernst, als würde mich Gott ins Gebet nehmen. Das Leben fängt heute an. Lasst uns reden!

4. Die Klosterkirche

«Ich fühl mich so leer.»
Oder: Stille zum Staunen

Hier links geht es jetzt in unsere Klosterkirche. Sie ist schlicht ausgestattet, kaum Marmor, dafür umso mehr Holz. Das gibt dem Raum eine einladende Wärme. Die Mitte bildet ein großer Altarstein, der sich vom Holzinventar deutlich abhebt. Er ist das Zentrum der Brüdergemeinschaft. Dort feiern wir jeden Morgen einen katholischen Gottesdienst, der auch Eucharistiefeier heißt. Eucharistie bedeutet Danksagung: Wir Brüder beginnen den Tag wie viele andere katholische Christen mit dem Dank an Gott dafür, dass er durch Jesus Christus die Welt erlöst hat. Ich kann bei dieser Führung leider nicht näher auf dieses Geschenk eingehen, aber ich kann hier so viel sagen: Ohne diese Feier jeden Morgen fiele unsere Gemeinschaft bald auseinander und verlöre ihren Sinn. Wir essen hier rituell von einem Brot und trinken aus einem Kelch. Dabei nehmen wir Jesus selbst in uns auf. Wir glauben, dass er dann ganz lebendig unter uns ist. Wir fühlen uns nach jeder Eucharistiefeier wieder neu miteinander und mit Jesus verbunden.

Vermutlich ist das für alle, die mit dem christlichen Glauben nicht vertraut sind, der schwierigste Punkt bei der Klosterführung. Ich kann sogar in gewisser Weise nachvollziehen, dass es manchen einfach unglaublich vorkommt, dass wir Brüder hier behaupten, auf Tuchfühlung mit Jesus zu sein, der vor 2000 Jahren historisch beweisbar gelebt hat. Wir glauben mit allen Christen, dass er nach seiner Ermordung am Kreuz auferstanden ist und in dieser Welt lebt. Jeder von uns Brüdern hat ihn auf eigene Weise erfahren und dann beschlossen, dass er ihm als Kapuziner am besten dienen kann. Deswegen ist ein Treffen beim Gottesdienst mit diesem Jesus so wichtig für jeden Einzelnen und für die ganze Gemeinschaft.

Selbst wenn jeder von uns allein zum Gebet hier in die Kirche kommt, ist sie für ihn nicht leer. Vorn links sehen Sie ein kleines metallenes Schränkchen, das wir Tabernakel nennen. Daneben brennt eine Kerze in einem roten Glas. Im Tabernakel bewahren wir die Reste auf, die im Gottesdienst beim Brotbrechen übrig bleiben. Wir glauben, dass sich Jesus für uns im gebrochenen Brot zur Verfügung stellt. Die Kerze zeigt, dass im Tabernakel Leben ist, nämlich Jesus selbst. Und dass diese Kirche deswegen nie leer ist. Alles, was es hier gibt, die ganze Kirche, alle Figuren und auch die Fenster – das alles wurde sozusagen um Jesus herumgebaut. Alles weist auf ihn hin. Die Stille in diesem Raum ist charakteristisch. Wir Kapuziner erleben sie als eine gefüllte Stille. Sie zu hören macht uns gespannt auf die Begegnung mit Jesus. Wir können in ihr ohne Zeitdruck darauf warten, dass etwas passiert – von diesem gegenwärtigen lebendigen Jesus her zu uns oder von uns hin zu ihm. Hier in diesem Raum tun wir das in unseren Gottesdiensten und Gebetszeiten. Und in unserem Klosteralltag dann wieder. Stundenlang. Tagelang. Ein Leben lang …

Von alldem merkt man natürlich wenig, wenn man als Fremder in eine solche Kirche kommt. Zuerst ist hier einfach nur Ruhe. Kein Hintergrundgedudel von esoterischen Melodien und auch keine Musik von einer frommen CD. Die Kirche ist eine Halle, in der es einfach nur still ist. Bevor Sie das wahrnehmen, werden Sie erst einmal dem Lärm bewusst lauschen. Sie bringen die Geräusche der Straße mit und hören sie hier weiter. Auch eine doppelte Verglasung der Fenster kann sie nicht einfach außen vor halten. Als Besucher dieser Kirche bringen Sie auch den Lärm der oberflächlichen Gespräche mit. Was wird nicht alles gequatscht, nur damit es geschwätzt ist, wie man bei den Schwaben sagt? Egal, was für ein Inhalt, Hauptsache, es redet aus uns heraus. Keiner hört mehr auf den anderen. Jeder trägt bei zur akustischen Umweltverschmutzung, bei der es nicht darauf ankommt, was gesagt wird: Ja, ja und mh, mh – dazu wird beiläufig genickt. Wenn einer etwas redet, ist der andere mit seinen eigenen Gedanken schon längst woanders. Nur nicht im Hier. Beim Gegenüber.

Den lieben langen Tag windet sich eine ganze Schlange von nichtssagenden Smalltalks durch Bürogebäude, Vereinsabende oder Empfänge im kleinen wie im großen Stil. Die Plapperitis wird angefeuert durch das, was uns durch Morningshows und Frühstücksfernsehen auf die Beine helfen soll. Wir zittern mit den Membranen der Lärmerzeuger aus dem Bett und in den Tag. Keiner hat eine Chance, dem zu entfliehen. In jeder Wohnung steht nicht nur ein Fernseher mit Lautsprechern, sondern auch ein Radio im Wohnzimmer, eines im Bad, ein zweiter Fernseher im Schlafzimmer, und natürlich muss der Computer seine Boxen haben, nicht zu vergessen der MP3-Player mit den Ohrstöpseln. Aus allen Ecken und in allen möglichen Musikrichtungen dröhnt eine Beschallung, die unseren Körper ergreifen will. So wippt also eine ganze Nation im Takt von Schlagzeug und Bässen, lässt sich berieseln. Immer, zu jeder Zeit, auch im Winter, wenn die ganze Natur zum Stillwerden einlädt. Dann rieseln leise – eigentlich schöne – Melodien bis zur Unkenntlichkeit verkitscht, gesampelt und versimpelt, auf dass sich noch geschmeidiger die Geldbörsen öffnen.

Der Tonterror ist so perfekt, dass unlängst der berühmte

Dirigent Justus Frantz äußerte, er würde gern einen Verein für die Stille gründen. Es sei so laut in der Welt geworden, dass wir unfähig seien, zu hören. Dem kann ich nur beipflichten. Unablässig wird man vollgequatscht mit Gute-Laune-Sprüchen, mit Dummheit und Dümmlichkeit, die das Geld nicht wert sind, das Werbekunden aber just in diese Art von Kommunikationsmittel-Verschandelung hineinpumpen. Was Radio und Fernsehen einmal sollten – zur Volksbildung beitragen –, gehört längst schon der Vergangenheit an. Nach der Devise: «Nimm alles nicht so schwer, denn morgen ist auch noch ein Tag!», wird man daheim und unterwegs aufgemuntert, angeregt, erregt und auf dem Laufenden gehalten. Wer ins Kaufhaus geht, schwebt auf Rolltreppen immer höher und wird aufdringlich bis zur Toilette von warmen Tönen umgeben, die nach Himmel klingen und Märchenwald. So soll man den Moment vergessen und auf keinen Fall an das harte Heute denken, sondern dies und jenes noch mitnehmen für morgen, für die nächste Woche oder wann immer man es bestimmt einmal brauchen wird, für den großen Moment, von dem man auf dem Klangteppich nur träumen kann.

Die Abwesenheit der Stille ist schon so selbstverständlich, dass man selbst für ein Gespräch den Lärm braucht. Wenn ich mal der Einladung in eine Kneipe folge, weiß ich schon vorher, dass aus der Unterhaltung nichts werden wird. Die Musik übertönt alles, und weil die laut ist, muss auch jeder laut werden, der dem anderen etwas sagen will. Und wenn alle laut sind, muss jeder noch lauter werden als der andere, und es mündet in ein Geschrei von Dialogen rund um einen Tisch, an dem sich eigentlich acht oder zehn zu einem unterhaltsamen Abend treffen wollten. Oder man gibt sich geschlagen und schweigt mitten im Lärm und vertröstet sich damit, dass es vielleicht beim nächsten Mal ein besseres Gespräch geben werde.

Ich habe den Verdacht, dass die Geräuschkulisse dazu dient, nicht allzu ernsthaft ans Nachdenken kommen zu müssen. Selbst bei Hausbesuchen kommt es vor, dass ich zwar im Wohnzimmer einen Sessel angeboten bekomme, der Fernseher aber nicht ausgeschaltet wird. Und ist es nicht der Fernseher, dann eben das Radiogerät oder der CD-Player. Irgendwas muss zucken. Die Töne im Raum scheinen Halt zu geben: Es könnte einem ja der Gesprächsstoff ausgehen. Oder ein Gedanke könnte die gewohnten Denkbahnen durchbrechen – da möchte man doch nicht zu lange verweilen, sondern sich leicht forttragen lassen von allzu schwerem Nachdenken.

Die Höchstform der Verlärmung des Alltags geschieht durch Ohrstöpsel zum Hören von Musik. Man stopft sich freiwillig die Ohren voll und schottet sich ab von allem Wichtigen um einen herum. Die Begründung dafür scheint plausibel: Damit ich hören kann, was ich will! Diesem Argument kann ich sogar etwas abgewinnen. Manche Sendung im Radio ist wirklich interessant. Mittlerweile kenne ich auch einige passionierte Podcasterinnen und Podcaster, denen ich gern zuhöre. Nichts gegen das ausgewählte Hören von Musik oder Informationen. Trotzdem ziehe ich mir die Kopfhörer dann gern wieder ab: Ich will nicht nur exakt das hören, was ich eigentlich will. Denn sonst wiederhole ich ständig nur, was meinem Geschmack entspricht. Ich lese auch nicht nur, was ich will. Wie könnte ich sonst Neues in mein Leben hereinlassen?

Mir ist seit Beginn meines Ordenslebens das Wort Gehorsam sympathisch gewesen. Es geht dabei auch um das Hören. Um das Hinhören. Um das gemeinsame Hinhören. Um das Hören dessen, was ein anderer vernimmt und ich vielleicht sonst überhöre. Es geht um ein Horchen auf die Musik in den Dingen. Auf die Töne in der Welt.

Sollten Sie diese Zeilen mit Musik im Hintergrund – oder ist es ein Untergrund? – lesen, schlage ich Ihnen vor, jetzt einmal bis zum Ende des Kapitels die Stille zu wagen und freiwillig – bitte nicht davon abschrecken, wohl aber vielleicht erschrecken lassen – den Gehorsam zu üben.

Der Jazzfachman Joachim-Ernst Behrendt hat mir den Sinn dieses Gehorsamseins erschlossen, den ich ja als Ordensmann Gott versprochen habe. Er hat in den achtziger Jahren eine Radiosendereihe mit dem Titel «Die Welt ist Klang» erstellt. Es geht darin um die «Entstehung der Welt aus der Musik». Besonders bewegte mich sein Gedanke, dass alles in der geschaffenen Welt Schwingung ist. Angefangen von der Atomschwingung bis hin zu den Pulsaren, die im Weltraum mit riesigen Teleskopschüsseln «abgehorcht» werden. Das menschliche Ohr habe die meisten Nervenendungen pro Quadratmillimeter, erklärt er, damit sei es das empfindlichste Organ, fähig, dem Menschen zu einer vollkommenen Orientierung in der Welt zu verhelfen. Die Welt selbst habe so einen eigenen Klang, den zu hören wir uns nicht satthören könnten. Der Wald und die Wüste, die Stadt und ein kleines Dorf – alles habe seinen spezifischen Sound. Es käme darauf an, diesen in sich aufzunehmen und darin die Welt ganz neu zu entdecken, immer bereit, sie hier und jetzt wirklich zu empfangen, wie sie sich uns original darbietet.

Deswegen ist die Stille so wichtig: Sie eröffnet die Möglichkeit, Menschen für hier und heute zu werden. Von dem Raum der Stille, der diese Klosterkirche ist und in dem wir gerade stehen, können Sie in Gedanken in Ihren Alltag gehen. Sie haben es in der Hand, ob Sie ein Mensch sein wollen, der schon heute anfängt, intensiv zu leben. Wir können im wahrsten Sinne des Wortes Zeitgenossen werden, wenn wir uns nicht ständig in andere Welten hinein ablenken lassen. Es darf ruhig still werden um uns. Es darf still werden in uns. Keine Angst. Und wir erfahren, dass die Stille nicht leer ist. Der Befürchtung, sie könne es sein, müssen wir mit einem festen Vertrauen begegnen. Wir entdecken darin etwas Wesentliches, wenn wir uns nur gut genug darin üben.

Die Brandung des Plapperns und Tönens wird auch in der Stille noch eine Weile nachklingen. Meine ersten Monate des Übens der Stille waren nicht einfach. Ich war ja ein junger Mann, der Diskothekenbesuche und Durch-Kneipen-Ziehen liebte. Die Stille des Klosters und die regelmäßigen Besuche der Kirche habe ich wie ein Vakuum erlebt. So seltsam es sich anhören mag: Der Kopf dröhnte mir vor nichts. So viele Gedanken kamen auf, Zweifel und Phantasien, dass ich schier hätte verrückt werden können. Wenn einem das Ohr nicht ständig zugemüllt wird, wird man wach für die eigenen Töne. Mir war, als würde jemand zu mir sprechen: «Hier spielt die Musik. Hier in deinem Leben. Hier an diesem Ort.»

Die Frucht, die durch Stille entsteht, ist tatsächlich die Präsenz. Wer still ist, wird präsent. Wer ruhig ist, ist einfach da. Vielleicht wegen der historischen Wurzeln im Zen-Buddhismus beginnen in Japan die Arbeitstage mit einigen Minuten der Stille, die alle Mitarbeiter einhalten, bevor sie im Betrieb ans Werk gehen. Ich halte es für ein gutes Zeichen, dass in Deutschland und anderen Ländern die Orte der Meditation mehr und mehr Zulauf haben. Man schätzt wieder die Stille der Kirchen und Klöster, in die sich viele wenigstens für einige Tage zurückziehen. Der Film «Die große Stille», der ohne jede Filmmusik drei Stunden das Leben der in vollkommenem Schweigen lebenden Kartäusermönche zeigt, war ein echter Kinoerfolg und zeigt, dass das Bedürfnis nach Konzentration im Schweigen groß ist.

Ja sogar so etwas wie Sehnsucht danach ist vorhanden. Und doch fürchten wir uns davor. Der Grund ist einfach: In der

Stille werde ich auf mich selbst zurückgeworfen. Da ist dann eben nichts anderes mehr als das Ich, als meine Person. Wirklich nichts anderes mehr?

Ein heiliggesprochener Priester des vorletzten Jahrhunderts, Jean-Marie Vianney, bekannt als der Pfarrer von Ars, fand in seiner Kirche fast jeden Tag einen Bauern, der hinten im Gotteshaus einfach nur still dasaß. Auf die Frage, was er denn da mache, antwortete er dem Pfarrer: «Ich bin da. Er ist da. Und das ist genug.»

Der Bauer lässt in der Stille sein Grundvertrauen zum Zuge kommen. Es ist eben nicht nichts hinter dem Nichts oder in der Stille. Die Stille ist gefüllt und wird zu einem Schweigen, das ein liebendes Beieinander werden kann mit Gott. So zumindest sagen wir Kapuziner es. Wir pflegen die Ruhe und können angesichts so mancher ungelöster Fragen in uns und mit anderen darin oft nur noch seufzen: «Ach, Gott. Du. Und ich. Ich. Und du.»

Das Geheimnis einer Klosterkirche ist, dass sie um ein Du herumgebaut worden ist. Das kleine rote Licht vorn neben dem Tabernakel zeigt das nach außen. Die Kirche steht für die ganze Welt. Sie ist nicht leer. Die ganze Schöpfung, so lernen wir Kapuziner mit Blick auf unseren Ordensgründer Franziskus von Assisi, ist eine Kathedrale. In ihr singt und zwitschert, rauscht, plätschert und donnert es, und Regentropfen trommeln an die Fenster. Wir sehen alles, was ist, herumgebaut um eine Mitte, die nicht leer ist. Wir nennen sie Gott. Aus ihm heraus ist alles geschaffen. Ganz einfach. Ganz still. Und wir selbst noch dazu. Joachim-Ernst Behrendt meint in diesem Zusammenhang: «Die Musik ist der Edelschmuck um das Wertvollste, was die Schöpfung kennt.» Er meint damit die Stille. Ein Ton und noch ein Ton wirken, weil dazwischen die Stille ist, mal kürzer, mal länger. Wer sich darauf einlässt, wird Musik nicht mehr hören können als etwas, was ihn ablenkt. Wer sich darauf einlässt, wird das Reden von Menschen nicht mehr ertragen können, wenn es ein Geplapper ist, das die Stille vermeiden will und immer weiterredet und weiterführt, ohne an ein Ende zu kommen. Wer sich darauf einlässt, wird wirklich hören wollen, was sich dazwischen, in der Stille, ereignet.

Die Gegenwart ist der Ort, an dem sich so viel ereignet, dass ich ganz Ohr für sie sein will. Manche haben schon ihren Fernseher auf den Dachboden geschleppt und den Radiowecker in den Schrank gestellt. Sie möchten allein oder mit dem Partner oder der Partnerin einfach für sich sein in den ersten Stunden des Tages. Es gibt so viel Melodie in der Stimme und in den Geräuschen der unmittelbaren Umgebung: Die Welt ist auch in der Stille voll von Musik. Diese zu hören und darauf zu horchen, sich zu konzentrieren auf die Botschaft, die darin steckt, ist ein Abenteuer mit täglich neuen Überraschungen.

Gerade dem Abend gehört die Ruhe. So armselig kann kein Tag verlaufen sein, dass wir ihn nicht in Stille Revue passieren lassen können. Wer immer und immer wieder neue Töne, neue Informationen oder einen neuen Witz an sich heranbranden lässt, verpasst die Chance, aus den Erlebnissen des Tages in der Stille eine Erfahrung reifen zu lassen. Ich stelle mir manchmal bewusst vor, was alles war, und suche in der Stille den roten Faden des Tages. Das kann dauern, bis sich Zusammenhänge zeigen. Manchmal entdecke ich mehr, manchmal auch weniger. Aber es vergeht kaum ein Tag, an dem ich nicht staune, still staune – still glücklich bin.

Auch wenn es Ihnen unwahrscheinlich vorkommen mag: Weil ich die Stille übe, höre ich leichter die Musik, die in diesem oder jenem Ereignis des Tages klingt. Deswegen verstehe ich auch die Brüder Kartäuser gut. Mir sind die Schwestern Klarissen lieb, die in ihrer Klausur einfach und still im Schweigen vor Gott leben. Sie alle sind Verwandte von uns Kapuzinern. Wir wissen darum, wie einfach das Leben zum Staunen reich wird an Glück: Wenn wir uns nicht ablenken lassen, sondern die Musik hören, die in den Dingen und Erlebnissen des Lebens spielt. Sie ist sehr variantenreich, kennt dunkle und helle Töne, das Allegro und Andante und hat doch nur ein Thema: Dies ist das Leben. Kein anderes hast du zur Verfügung. Und es fängt heute an. Es ist bereits da.

5. Der Chorraum

«Ist doch immer dasselbe.» Oder: Rhythmus statt Langeweile

Hinter der Tür am Altar in einer Kapuzinerkirche erahnen Sie bestimmt einen Raum, der vom Kirchenschiff abgetrennt ist. Das ist der Chorraum der Brüder, in dem sie beten und meditieren. Die Verbindung zur Kirche stellen zwei Türen rechts und links her. Anders als in den großen Abteien wollten unsere Vorfahren sich im Gebet nicht öffentlich zeigen. Sie hatten sich die Phasen im Leben ihres Ordensgründers zum Vorbild genommen, die er in Eremitagen verbracht hatte. Der heilige Franziskus lebte den Rhythmus von Zurückgezogenheit und Öffentlichkeit, Gebet und Predigt. Er legte den einen Schwerpunkt auf das Leben mit den Armen und den anderen auf sein Leben mit Gott. Die Kapuziner wählten den Schwerpunkt «Gebet und Meditation» als Ausgangspunkt für die Reform des Franziskanerordens im 16. Jahrhundert. Bis heute hat sich diese Sehnsucht, die hinter den Wünschen nach Veränderung steckte, erhalten: Die Brüder möchten aus der Versenkung im Gebet an ihre Aufgaben gehen. Eine volle Stunde am Tag, so bestimmen es die Lebensregeln unseres Ordens, wollen wir in der Betrachtung verharren: Wir stellen uns der Gegenwart Gottes und gehen immer und immer wieder das Leben Jesu durch, indem wir Sätze des Evangeliums immer und immer wiederholen. Nach langer Übung geht das so in Fleisch und Blut über, dass es einem gar nicht mehr so vermessen vorkommt, wenn der Apostel Paulus im Brief an eine

Gemeinde in Galatien schreibt: «Nicht mehr ich lebe, sondern Christus lebt in mir!» (Gal 2,20)

Man darf sich das allerdings nicht so vorstellen, dass der Fortschritt im Gebet ein geradliniger Weg ist. Es kommt geradezu darauf an, zu verlernen, sich zu kontrollieren, wie weit man schon gediehen ist. Die Entwicklung findet kaum merklich statt. Sie ereignet sich nach Gesetzen, die im Leben eines jeden Menschen zu einem ihm eigenen Weg führen. Damit sich dieser Weg ungestört mit allen Höhen und Tiefen entwickeln kann, greifen wir Kapuziner gern den Rhythmus des kirchlichen Stundengebets auf. Wir treffen uns zu festgesetzten Zeiten zu den «Laudes» am Morgen. Das lateinische Wort bedeutet so viel wie Lobgesänge und erinnert an die Wurzeln der katholischen Gottesdienstpraxis in der jüdischen Liturgie. Der Lobpreis aus dem biblischen Buch der Psalmen nimmt in diesem Morgengebet, aber auch beim Mittags- und Abendgebet, den größten Raum ein. Sie werden in anderen Orden oft gesungen; bei uns ist das seltener der Fall. Unsere Gründerväter meinten, wir sollten nicht so lange singen und die ersparte Zeit lieber auf die Meditation verwenden.

Selbst in der Eucharistiefeier beziehen wir uns auf die jüdische Tradition. Das Abendmahl hat Jesus ja im Rahmen einer ordentlichen jüdischen Paschafeier mit seinen Jüngern gehalten. Der Grund dafür ist leider in der Vergangenheit viel zu oft unter den Tisch gekehrt worden: Jesus war Jude. Jesus hat die jüdischen Gebete gesprochen. Wie könnten Christen anders beten als mit ihm und in dieser Tradition? Wenn wir es tun, dann fühlen wir uns ihm am nächsten.

Auch die Einteilung des Tages durch Gebetszeiten entstammt diesem Brauch. Es ist gar nicht so etwas Besonderes, dass in Klöstern in dieser Weise gebetet wird. Das gehört zum

Christentum. Und schon vor dem Christentum gehörte es zum Judentum. Und nach dem Judentum und Christentum zum Islam. Selbst der Blick auf andere Kulturen zeigt: Auch diese Religionen kennen heilige Zeiten der Stille am Tag, an denen die Geschäfte ruhen und man sich dem Sinn des Lebens zuwendet. Und noch mehr: Der heilige Tag in der Woche gehört dazu, bei den Christen am Sonntag, bei den Juden am Samstag, dem Sabbat, und bei den Muslimen am Freitag. Solche heiligen Zeiten gibt es während des Jahres auch zu den Festen, die jede Religion ausgiebig begeht. Und schließlich überliefern die Religionen auch noch eine besondere freie Zeit pro Leben. Die Wallfahrt des Moslems nach Mekka, des Juden nach Jerusalem oder des Christen nach Rom oder, so wie es wieder fast zu modern geworden ist, nach Spanien, um sich für Monate zu Fuß als Pilger zum Jakobsgrab in Santiago de Compostela aufzumachen.

Für mich ist jeder Weg zum Chorraum ein kleiner Pilgerweg. Ich muss mich losreißen von dem, was sich mir gerade wieder aufgedrängt hat, weil dort im Gebet etwas Wichtigeres auf mich wartet. Gott ist mehr wert als die Seite, die ich gerade zu Ende schreiben muss, als das Telefonat, das kurz vor zwölf noch hereinkommt, oder der Flur, der eigentlich in zehn Minuten fertig geputzt sein sollte. Alles stehen- und liegenlassen, aufbrechen und zum Gebet gehen – wenn es gelingt, was meistens der Fall ist, ist es immer ein Schritt in die Freiheit.

Wenn ich gefragt werde, wie oft wir beten müssen, kontere ich gern: Und wie lange müssen Sie küssen, Ihre Kinder erziehen oder in der Sauna sein? Für uns Kapuziner ist wie für alle, die Gott erwählt haben, das Gebet ein Schritt auf den zu, der uns das Leben mit allem, was darin möglich ist, gegeben hat. Gott und Alltag gehören für uns zusammen. Immer wieder loslassen, zu Gott gehen und dann wieder ins pralle Leben eintauchen ist der

Rhythmus, der unser Leben ist, so wie das Ein- und Ausatmen Lebensenergie für unseren Körper bringt. Mir gefällt auch das Bild vom Herzmuskel gut: Zusammenziehen und Loslassen ist seine Arbeit. Wir Brüder lassen uns im Gebet hier im Chorraum immer wieder zusammenrufen und gehen von hier aus immer wieder neu an die Arbeit.

Solche Unterbrechungen sind wichtig, damit wir den Sinn für unser Leben und Arbeiten nicht verlieren. Sie gehören auch zum Alltag von Christen, die noch darum wissen, dass es etwa ein Gebet gibt, das Katholiken dreimal am Tag sprechen: den sogenannten Engel des Herrn. Es dauert nur zwei Minuten, wenn man es andächtig betet, und kann doch eine Revolution auslösen. Ich fordere Jugendliche gern dazu auf, weil ich immer noch nicht den Glauben daran verloren habe, dass sie eigentlich nicht so angepasst sein wollen, wie sie es heute schon sind: Legt in der Schule im Unterricht mittags um zwölf Uhr mal den Stift hin, faltet die Hände und betet leise dieses Gebet. Verbindet euch dabei mit allen Menschen, die das auch tun. Hört die Glocken, die um Punkt zwölf läuten, um die Christen an Gott zu erinnern und die Katholiken zu diesem Gebet einzuladen. Im Büro ist das ebenso möglich wie auf der Baustelle. Im Krankenzimmer ebenso wie im Urlaub. Einfach den gewohnten Gang unterbrechen. Und zwar nicht wegen einer Sucht: Für die Zigarettenpause hat jeder Verständnis. Nicht wegen eines dringenden Bedürfnisses: Wer bekäme deswegen nicht die Erlaubnis, die Anwesenheit zu unterbrechen? Nicht wegen eines Telefonanrufs: Selbst der bringt Menschen dazu, ihr Gegenüber zu vernachlässigen für etwas, von dem noch gar nicht sicher ist, ob es wirklich so wichtig für sie sein wird. Nicht für all das, das uns letztlich aus sehr weltlichen Gründen doch nur weiter antreibt. Es ist nichts anderes als eine Reihe von Pausen, die uns keine Erholung geben, sondern selbst schon Teil des gewohnten Gangs sind. Und weil man bei manchen schon die Uhr danach stellen kann, wann sie rausmüssen, wann sie sich anrufen lassen, um wichtig zu erscheinen, oder wann sie sich unerklärlicherweise gerade in einem bestimmten Moment schlecht fühlen, geraten solche Unterbrechungen zu einem Running Gag.

Hilfreich sind sie nicht. Sie sind Teil des gewohnten Gangs unseres Lebens. Sie bringen uns nicht weiter, um Anschluss an die tieferen Schichten unseres Daseins zu finden. Sie stoppen nicht das Hamsterrad, in dem wir uns zwar in Bewegung wähnen, aber keinen Schritt vorankommen.

Es gehört eine Portion Zivilcourage dazu, vor all den gewichtigen Gründen, warum man das Leben unterbrechen müsste, dem wichtigsten aller Gründe Geltung zu verschaffen. Terminkalender, Handyklingeln oder Verdauungsprobleme brechen wie sensationelle News beständig in unser Leben ein. Wir gewähren ihnen automatisch das Recht, den gewohnten Gang aufzuhalten. Auf diese Weise gehören sie aber selbst schon zum gewohnten Gang. Wir zappen von Ereignis zu Ereignis, lassen uns bannen von flimmernden Nachrichtenlaufbändern und immer neuen Programmen, die uns vielleicht noch mehr bringen – und uns gleichzeitig davon abhalten, das zu tun, was wir heute eigentlich wollten. Ihr Trost: Morgen sei ja auch noch ein Tag. Aber morgen, da kann man drauf schwören, geht es mit diesen Wichtigtuern so weiter. Sie halten uns davon ab, in Echtzeit zu leben. Und weil es auch mit ihnen ebenso weitergeht wie mit dem, was sie uns immer uninteressanter erscheinen lässt, fördern sie noch, so aufregend sie auch daherkommen, die allgemeine Langeweile.

Dagegen ist Widerstand zu leisten. Der Aufenthalt im Chorraum des Klosters hilft uns dabei. Er bindet uns ans Heute. Er ist so etwas wie eine Art Ausstiegsluke aus dem Alltag, der uns auch im Kloster oft genug einfach mit sich fortreißen will. Wir verstehen uns als Aussteiger, die immer wieder die Luft Gottes schnuppern wollen. Mit einer kräftigen Brise geht es dann wieder in den Alltag hinein, manchmal mit einem neuen, manchmal mit der Bestätigung eines alten Gedankens. Die regelmäßige Sammlung zum Gebet hilft uns zu tun, was Franziskus uns rät: Die Brüder sollen mit Hingabe arbeiten. Sie sollen so arbeiten, dass dabei der Geist des Gebets und der Hingabe nicht ausgelöscht wird. Das hört sich nicht so sehr nach dem mönchischen Prinzip «beten und arbeiten» an. Das meint eher «beten im Arbeiten».

Dahin findet, wer sich klarmacht, was sich wichtigmachen darf im eigenen Leben. Sie lesen richtig: Es ist notwendig zu hinterfragen, wem wir es erlauben, für uns wichtig zu sein. Wir entscheiden, was uns aus dem Bett holt. Im Hinblick auf Arbeit und Freizeit kann der Wechsel zwischen Frei- und Gebundensein an etwas von mir bestimmt werden. Oder sagen wir es nicht ganz so extrem: Er kann von mir mitbestimmt werden.

Auf den Tag hin gesagt: Sie dürfen auch früher aufstehen und morgens allein oder in der Familie eine ausreichende Zeit miteinander verbringen. Wem das was wert ist, der steht nicht erst dann auf, wenn er zur Arbeit oder Schule muss. Sondern so, dass er gemeinsam mit anderen den Tag beginnen kann. Oder so, dass ein ruhiger Blick in ein Buch oder ein Verweilen vor einem Kreuz oder einer Kerze möglich wird. Oder so, dass ein Vorsatz für das, was vor einem liegt, in ein Tagebuch geschrieben werden kann. Oder so, dass Schlafzimmer und Bad und Küche in eine Ordnung gebracht werden, die einen abends wieder gern heimkommen lässt.

Auf die Woche hin bezogen: Wir können mitbestimmen, wie wir sie gestalten. Fünf Tage in der Woche müssen wir aufstehen;

am Sonntag dürfen wir aufstehen. In der abendländischen Kultur ist dieser Tag als erster Wochentag festgeschrieben. Samstags darf man ausruhen. Und am Sonntag fängt die Woche mit einem freien Tag an. Den ersten Christen war das wichtig: Sie störten mit ihren Gottesdiensten am damals ersten Wochentag nach dem Sabbat die gewohnte Ordnung. Sie feierten den ersten Tag der Woche als den Tag, an dem Jesus auferstanden ist. Auch wenn man den christlichen Glauben (noch) nicht teilen kann: Es kann sehr schön sein, einmal ohne berufliche Gründe aufzustehen. Einfach nur, weil man damit in seinem Leben einen besonderen Akzent setzen will. Denn wir Menschen sind nicht Opfer der immer gleichen Anforderungen, denen wir nur blind gehorchen müssen. Der Sinn der Arbeit und des Lebens besteht nicht darin, dass am Ende etwas dabei herauskommt, und sei es ein freies Wochenende. Der Sinn, den Sonntag als ersten Tag der Woche einzuhalten, zeigt sich vor allem in der Gestaltung des Tages. Dort wird deutlich, was Priorität hat, was zuerst kommt: der Mensch, die Freiheit, das Spiel, die Liebe. Und natürlich Gott. Und von diesem freien Tag, mit dem die Woche beginnt, fällt ein ganz neues Licht auf die Arbeit, die vor einem liegt.

Auf das Jahr hin gesagt: Wir können uns einlassen auf die Art, wie es uns führt. Das kostet allemal weniger Kraft, als sich seinem Lauf zu verweigern. Hier im Chorraum des Klosters wird uns durch unterschiedliche Texte deutlich gemacht, ob gerade Advents- oder Weihnachtszeit ist, wann Fasten- und wann Osterzeit ist. So kann sich jeder auf den Kreislauf der zwölf Monate einstellen, auch wenn ihm das Kirchenjahr fremd ist. Gönnen wir uns doch als Menschen mit dem individuellen Biorhythmus unserer Breitengrade den erholsamen Wechsel der Jahreszeiten. Es kostet unnütz viel Kraft, vor dem Winter in die Sonne zu fliehen und vor dem Herbst in den ewigen Frühling ferner Inseln.

Warum sich im Winter schon mit vier Tagen Sommer trösten? Wir werden glücklicher sein, wenn wir die Chance ergreifen, die im Rhythmus der Natur liegt. Sonst geraten wir aus dem Takt und kommen im Heute nicht mehr zurecht.

Der Rhythmus von Frei- und Gebundensein an etwas im Hinblick auf die ganze Lebensspanne meint die richtige Einschätzung des Moments, wann ich mich mit Vollgas aus der Freiheit der Kinder-, Jugend- und Ausbildungszeit an meinen Auftrag binde, den ich bis dahin gefunden habe. Und dass ich mich zurücknehmen kann und wieder aussteigen kann, wenn das Lebenswerk vollbracht ist. Für viele ist diese Lebensspanne so lang, dass sie sich mit etwa 50 ein ganzes Jahr der Sabbatzeit gönnen, sofern sie es sich leisten können, weil sie früh genug ganz eingestiegen sind. Gönnen Sie es sich, Ihr Leben als Ganzes in den Blick zu nehmen und es vom Ende her zu sehen. Für mich sind die Gedanken daran, dass ich einmal anfing zu leben und dass mein Leben einst verlöschen wird, mal ganz abgesehen von meinem Glauben, wie zwei Haltepunkte, zwischen denen ich leben will – und zwischen denen ich nicht gelebt werden will. Dabei entsteht eine Spannung, die mich in die Verantwortung nimmt. Der Geringe, der sich fit hält, um auf der Spur zu bleiben, und sich fragt, was wohl aus seinem ganzen Leben werden wird, dem ist keinen Tag langweilig im Leben.

Wir können uns auf den Weg machen, das Glück zu finden, das wir in unserem Leben schlummern spüren. Dafür müssen wir uns aber an einen Rhythmus binden, der nicht von den sogenannten Notwendigkeiten vorgegeben wird. Die halten uns nur oberflächlich auf Trab und erzeugen auf die Dauer eine tödliche Langeweile. Gönnen Sie sich einen Lebensrhythmus, der Ihnen hilft, sich von Zeit zu Zeit neben Ihr Leben und die ganze Welt zu stellen. Gönnen Sie sich Ruhepunkte, die mit keinem Argument dieser Welt zu begründen sind. Bejahen Sie Zeiten und Lebensphasen, in denen Sie nichts bringen wollen oder müssen. Wo Sie einkehren bei sich. Wo Sie alles einfach mal sein lassen können. Wo Sie sich hineinfallen lassen ins Hier und Jetzt. Sie werden darin getröstet werden. Für heute. Und dann wird es wieder richtig interessant. Keine Sorge.

6. Die Klosterküche

«Ich mach mal schnell 'ne Dose auf.»
Oder: Frisch vom Leben nehmen

Ganz schön modern eingerichtet, unsere Küche. Hier kann man gut vorbereiten, kochen, backen und natürlich auch abspülen. Es ist keine Großküche, doch sie ist größer als eine Küche, wie man sie von Einfamilienhäusern kennt. Hier lässt sich bequem für die sieben Brüder kochen, die im Idealfall zu einer Brüdergemeinschaft gehören. Auch für Gäste – bei Festen etwa – reichen die vorhandenen Möglichkeiten aus.

Diese Küche hier hat es in sich. Sie ist stumme Zeugin der Geschichte und Gegenwart des Klosters. Da die Zusammensetzung der Gemeinschaft variiert, verändert sich auch der Geschmack der Brüder. Damit ist zuerst nicht das Essen selbst gemeint, sondern der Artenreichtum der Küchengeräte. Dem einen Bruder war ein Schneebesen mit Holzgriff, dem anderen einer mit Plastikgriff lieb. Wir haben Pfannenwender aus Edelstahl und solche aus Kunststoff. Glasschüsseln unterschiedlichster Art und Güte stehen im Schrank. Die Pfannen, die vom früheren Koch angeschafft wurden, hat der jetzige nach hinten gestellt, obwohl der Vorgänger auf deren Qualität noch Stein und Bein geschworen hatte. Klar, dass die Schubladen und Schränke hin und wieder ausgemistet werden müssen, aber das geschieht auch wieder nach dem Geschmack des diensthabenden Verantwortlichen. Weil der dann aber an sich noch gute Gerätschaften auch nicht gleich wegwerfen mag, können Sie sich vorstellen, wie es auf einigen Kellerregalen aussieht. Am Anfang meines Ordenslebens dachte ich, das müsse doch alles einheitlich zu regeln sein. Aber schnell war mir klar: Ich selbst war ja auch nicht so einfach bereit, den Geschmack der anderen zu meinem eigenen zu machen.

Dem Schrank ist sein Inhalt ja noch ziemlich egal, dem Bauch aber ganz und gar nicht. Jeder Bruder im Kloster hat bei Muttern auf eine ganz spezielle Weise essen gelernt. Dem einen schmeckt das typisch westfälische süße Dressing zum Salat, den anderen erfüllt es mit Abscheu. Der eine muss immer alles mit Zwiebeln haben, während wieder ein anderer jedes Gericht fein säuberlich nach ihnen absucht und sie an den Tellerrand legt. Die Beispiele für anscheinend unaufgebbare Gewohnheiten in Sachen Nahrungsmittel lassen sich beliebig fortsetzen.

Armer Koch. Und auch: Arme Köchin – denn schon fast in allen Klosterküchen der Brüder schwingen mittlerweile angestellte Köchinnen den Kochlöffel. Liebe geht ja bekanntlich durch den Magen. Wenn der aber regional so unterschiedlich geprägt ist, wie soll man da für eine Gemeinschaft kochen?

Der Koch könnte sich dem Trend zum Einheitsgeschmack anschließen. Die sogenannten Convenience-Produkte überschwemmen den Markt. Sie werden so aggressiv angeboten, dass ich mich ernsthaft frage, ob überhaupt noch jemand richtig kochen kann, was frisch vom Markt auf den Tisch kommen könnte.

Wenn ich hier so in der Küche stehe mit Ihnen, wird mir bewusst, wie uns allen das Mahlhalten abgewöhnt wird. Es muss alles möglichst billig auf den Tisch kommen. In den Kantinen gibt es keine Tischdecken. Unsere Kinder bekommen aufgetaute Mikrowellenpampe, die sie zwar dick macht, aber sie nicht wirklich gesund ernährt. Im Speisewagen der Bahn gibt es nur schöne

Bilder von frischen Speisen auf papiernen, knallbunt bedruckten Werbe-Platzdeckchen. Was auf dem Teller serviert wird, ist nur aufgewärmt und hat nichts mit dem Bild zu tun, das uns zuvor vermittelt wurde.

Die vorgefertigten Produkte, halb gegart und geschmacksverstärkt, sind so vorbereitet, dass sie möglichst vielen munden. Ein flacher Einheitsbrei eben. In den Gefriertheken liegt alles bereit, was in der Pfanne oder der Mikrowelle minutenschnell gegart werden kann. Ob Letztere den Speisen und dem Menschen schaden, wird schon gar nicht mehr diskutiert. Einwürfe wie der, dass der Prozess des Erwärmens Eiweiße zersetze und unverdaulich mache, werden selbst in der höheren Gastronomie beiseitegeschoben. Am schlimmsten ist es bei den Hunderten von Fast-Food-Stationen: Man greift gierig zu jeder Technik, die dem Kunden die Mahlzeit immer schneller auf den Tisch bringt. Der Kunde will nicht lange warten. Er müsse gleich zum Termin, signalisiert er schon drängelnd. Damit zeigt sich beim Essen ein Prinzip, was ganz Deutschland erfasst hat: Zeitgewinn vor Gesundheitsgewinn.

Manche merken noch, wie ungesund und wenig sättigend das Essen ist, wenn man es nur noch aufgewärmt herunterschlingt. Sie ändern aber wenig an ihren Gewohnheiten, weil sie sich vertrösten lassen: Jetzt geht es um die Arbeit. Jetzt geht es um Termine. Richtig essen – das machen wir am Wochenende. Dann haben wir dafür Zeit. Dann fängt das wahre Leben an, zu dem auch die Zubereitung leckerer Speisen gehört und der Genuss, das zu essen, von dem man weiß, dass was Gutes drin ist.

Obwohl Kochen, Essen und Eile nicht zusammengehören, wird in den Küchen gern auch deswegen auf das Tempo gedrückt, weil man dann Personal einsparen kann. Wenn der gesamte Prozess der Zubereitung dank ausgefeilter Technik nicht mehr so viel Aufwand bedarf, kann einer ja in derselben Zeit für viel mehr Leute kochen. So ist der Erfolg von Convenience-Produkten oder Tütensuppen auch in der Großküche zu erklären. Und die Privathaushalte machen da einfach gedankenlos mit: Warum soll man sich denn auch der Mühe des Kochens unterziehen, wenn das Essen aus der Packung in zehn Minuten zusammengerührt werden kann?

Doch diese Mühe gehört zum Leben. Das Schlaraffenland ist nicht der Himmel, sondern eher die Hölle. Denn dort gibt es keinen Kontakt zum Mitmenschen und zu den Mitgeschöpfen, sondern nur zum eigenen Bauch. Essen aber ist Kommunikation mit der Schöpfung. Sie stellt uns die Nahrungsmittel bereit, die durch Erde, Sonne und Wasser gewachsen sind. Mit der Hitze des Kochens kommt das vierte Urelement hinzu. Wer isst, nimmt die Urkräfte des Lebens in sich auf. Sie zuzubereiten ist ein schöpferischer Kommunikationsprozess mit den Dingen, die wir frisch vom Leben nehmen. Wer isoliert nur noch Halb- und Vorgegartes konsumiert, beschädigt den lebenswichtigen Austausch mit dem Ganzen seines Lebensraums. Die Milch kommt eben nicht aus der eckigen Tüte.

Wo noch der Bruder Koch mit Leidenschaft seinem Handwerk nachgeht, sind die Küchen auch die Kommunikationszentralen im Haus, in denen nicht nur Obst und Gemüse verarbeitet werden, sondern auch das, was im Gemeinschaftsleben gerade «kocht». Wenn im Garten die Früchte reif sind oder das Gemüse zu ernten ist, wird jede Hand gebraucht. Das sind dann die Sternstunden. Jeder ist eingebunden in die Sorge um eine gefüllte Vorratskammer für den Winter. Beim Gemüseputzen und Obsteinkochen entstehen ernsthafte und bedeutungsvolle Gespräche wie von selbst. Schnipseln und Schneiden finden dabei auch im übertragenen Sinn statt: Mancher Brocken, den einer mit einer enttäuschenden Erfahrung schlucken musste, ist einfach zu groß. Das Anhören des anderen und das behutsame Nachfragen gehen bei der gemeinsamen Küchenarbeit fast wie von selbst. Es braucht seine Zeit, bis die Ereignisse des Alltags wirklich verdaut werden können. Liebe geht eben wirklich durch den Magen. Und sie zeigt sich ganz deutlich in der Vorbereitung der Nahrung für den Magen.

Die Anzahl der Kochbücher und -shows steht im strengen Gegensatz zur rauen Wirklichkeit in deutschen Küchen. Die Fachleute an den Studioherden verstärken eher den Eindruck, Kochen sei etwas Abgehobenes. Was bleibt einem da anderes übrig, als die Wirklichkeit der eigenen Anstrengungen hinter dem Herd daheim schlechtzureden und sich damit zu trösten, dass man später vielleicht einmal die entsprechenden Kurse belegen wird?

Man kann sich freilich auch jetzt schon weiterbilden. Doch helfen die meisten Druckwerke dabei nicht wirklich. Sie zeigen auf Hochglanzfotos perfekt inszenierte Speisen, die den Frust der Kochenden nur noch erhöhen. Wer kann das schon so genau hinbekommen? «Keiner», muss die Antwort heißen. Denn all die schönen Fotos kommen aus der Werkstatt von Foodstylisten und Lebensmittelfotografen. Da wird viel mit Plastik und Tricks gearbeitet. Dargestellt wird nicht die Wirklichkeit. Es wird nur ein Traum inszeniert, der ganz vom Ideal der äußeren Hülle bestimmt wird – nicht vom Inhalt her. Eine Art Schlaraffenland, in dem auch die schmutzige Schürze, die Berge von Abwasch und die Fehlversuche keine Rolle spielen. Wir werden in eine Vorstellungswelt hineingehoben, die uns davon abhält, unsere Gerichte, die wir heute und nach unseren Möglichkeiten zubereiten können, als ausreichend zu empfinden.

Vielleicht sagen deshalb so viele Menschen, sie könnten nicht kochen. Sie lassen sich auf den Ruhestand, den Urlaub oder die Zeit vertrösten, in der man sich das alles leisten können wird, was zu einer guten Küche gehört. Dagegen möchte ich entschieden Einspruch erheben. Das Kochen muss heute stattfinden. Es ist eine wichtige Investition in die Zukunft, die nur durch Kontinuität ihren ganzen Segen ausschütten kann. Es beginnt damit, den eigenen Fähigkeiten des Riechens und Schmeckens zu trauen. Kein Kochbuch kann das vermitteln. Wie schmeckt, was in der Abbildung nur schön aussehen kann? Sie kann auch nicht vermitteln, wie man den natürlichen Kontakt zu Schwester Möhre und Bruder Apfel wiederbelebt. Das kann nur damit beginnen, dass Sie sich sagen: Dieses Stück Obst ist für mich gewachsen. Das Gemüse hier soll mich und alle in meinem Haushalt ernähren und ist mir deswegen heute in die Hände gelegt, damit ich es bearbeite. Bei einem Stück Fleisch sehe ich nicht nur das Material, sondern bin darüber besorgt, ob es aus artgerechter Viehhaltung und schonender Schlachtung stammt. Mir ist wichtig, dass ich den Jahreszeiten angemessen einkaufe und die Waren verarbeite. Ich stelle mir die Flugzeit vor, die eine Erdbeere im Winter und eine Möhre im Frühjahr hinter sich haben.

Kochen beginnt mit dem Horchen auf die Heimat der Lebensmittel. Oft denke ich beim Kochen auch an die Worte aus der Eucharistiefeier. Sie sind vom jüdischen Tischgebet übernommen: «Gepriesen bist du, Herr unser Gott. Du schenkst uns Brot und Wein, Früchte der Erde und der menschlichen Arbeit.» Kochen bringt die Geschenke aus der Schöpfung mit uns ins Gespräch. Daher benutze ich selten ein Kochbuch. Mich können eher die Ideen anderer inspirieren. Mehr aber noch regt mich an, was Garten, Kühlschrank, Vorrat und Reste vom Vortag anbieten. Das, was heute da ist, soll uns nähren. Darauf darf ich vertrauen. Das nehme ich wichtig.

Mein Lieblingsspruch in der Küche lautet: «Ich koche das Leben, und das Leben kocht mich.» Er fasst zusammen, was Fritz Perls, der Begründer der Gestalttherapie, in seinem Buch «Das Ich, der Hunger und die Aggression» darlegt: Wir könnten nicht anders wir selbst werden, als uns, durch den Hunger getrieben, diese Welt einzuverleiben. Dazu braucht es die Kraft der Aggression. Sie ist positiv.

In den Kürbis schneiden, Vollkorn mit den Zähnen mahlen, in einen Apfel beißen. Das erfordert Kraft. Dafür muss man sich anstrengen. Bei weichem Brot und geschnetzelten Speisen, die mehr geschlürft als gegessen werden können, lässt sich leichter weiterträumen. Die Umwelt kann nicht erfahren werden. Der Biss und das Mahlen wecken für die Gegenwart. Grundschulkindern, denen man Vollkornbrot zu essen gibt, waren in einem Versuch nach einigen Wochen deutlich aufmerksamer im Unterricht und viel weniger aggressiv zueinander.

Wer frisch annimmt, was sich ihm bietet auf dem Markt des Lebens, und es heute verarbeitet, lebt differenzierter und damit gesünder. Wer denkt: «Das pack ich morgen an», schiebt vieles vor sich her und sorgt dafür, dass er bald selbst nicht mehr weiß, was er wann wie verarbeiten soll.

Mir hat der Walt-Disney-Pixar-Film «Ratatouille» gut gefallen. Unter den Ratten, die dort vom Abfall eines Restaurants leben, ist eine, die sich nach einem anderen Leben sehnt. Sie entdeckt ein Kochbuch mit dem Titel «Jeder kann kochen!». Das veranlasst sie zu einer Reise, in deren Verlauf sie allerlei Abenteuer zu bestehen hat und schließlich einem jungen Mann, der den Glauben an sich verloren hat, die Sinne öffnet fürs Kochen. Und damit die Sinne öffnet für den Sinn seines Lebens.

Oft braucht es nicht mehr als ein bisschen Mut und den Willen, eine Beziehung zur Nahrung aufzubauen. Statt eine Dose zu öffnen, können Sie die Zutaten frisch vom Markt holen. Sie nehmen beim Kochen automatisch die Haltung der Meditation ein: Sie stellen sich vor, wie es wohl im Gemüse, im Obst oder im Fleisch zugeht und was die verschiedenen Zutaten von ihrem Wesen her zum Gelingen der Mahlzeit beitragen werden. Lassen Sie ihnen Sorgfalt angedeihen. Es sind Kreaturen Gottes.

Statt: «Man nehme ...», sage ich mir lieber: «Man höre!» Man höre auf die Eigenschaften, die in den einzelnen Bestandteilen des Mahls zu finden sind, und mache daraus dann eine eigene Symphonie. Eine Frischesymphonie für das Heute. Denn so spüren wir das Leben.

Was uns die Natur schenkt, ist doch viel zu wertvoll, als dass wir es uns in der Großindustrie vorkauen lassen sollten. Wir sind Teil der Natur, und wir tragen Verantwortung dafür, wie wir damit umgehen.

7. Das Refektorium

«Das schmeckt mir nicht.»
Oder: Gemeinschaft durchkauen

An die Küche schließt sich das Refektorium an. Dies ist der Speisesaal der Brüdergemeinschaft. Er ist so gestaltet, dass man gleich merkt, dass er mehr als nur ein Zweckraum ist, in dem man die Mahlzeiten zu sich nimmt. An der Stirnwand hängt in einer Nische ein Kreuz. Rechts vom Kruzifix steht die Figur der Muttergottes, links die des Johannes. Die Brüder werden beim Betreten des Raums an eine Schlüsselstelle des Evangeliums erinnert: Jesus verbindet am Kreuz seine Mutter und seinen Lieblingsjünger zu einer neuen Gemeinschaft. Die Brüder, die zum Essen hier zusammenkommen, beziehen das auf sich: Sie versammeln sich unter dem Kreuz und machen sich bewusst, dass sie ebenfalls von Jesus zu einer Gemeinschaft verbunden wurden. Jeder einzelne Bruder lebt in der Beziehung zu diesem Jesus am Kreuz. Am Tisch trifft man sich in dem Bewusstsein, dass es nur einen Grund gibt, diese und keine andere Tischgemeinschaft zu sein: Jesus hat jeden persönlich gerufen. Jesus versammelt die Einzelnen in dieser örtlichen Bruderschaft.

Der Speisesaal ist für die Brüder eine Erinnerung an den Saal, in dem das letzte Abendmahl stattfand. Die Holzvertäfelung, die schweren Tische und der Parkettfußboden geben dem Raum eine feierliche Atmosphäre. Das Kreuz an der Stirnwand macht deutlich: Es gibt einen Gastgeber für dieses Essen. Wir erinnern uns täglich daran, dass Jesus seinen Jüngern vor dem Abendmahl sagte: «Mich verlangt danach, dieses Mahl mit euch zu halten.» Und es gibt viele andere Stellen, an denen berichtet wird, dass Jesus mit den unterschiedlichsten Menschen gegessen und getrunken hat. Er hat seine Zeitgenossen geradezu damit geärgert, wie selbstverständlich er dabei soziale Grenzen außer Acht gelassen hat. Das Refektorium ist der Ort, an dem wir uns selbst als eine solche Gruppe von Menschen erkennen, die mit sehr unterschiedlichen Lebensgeschichten zu einer Tischgemeinschaft versammelt werden.

An den Wänden hängen Bilder von Brüdern aus unserem Orden, die wir als Heilige verehren. Sie erinnern uns daran, dass die Stärkung beim Mahl kein Selbstzweck ist. Wir bekommen die Gaben aus der Schöpfung zu essen, damit wir Kraft sammeln, um im Sinne des Schöpfers zu leben. Die Heiligen begegnen uns auch deswegen hier, weil die Tischgemeinschaft etwas von der Hoffnung hat, die Juden wie auch Christen bewegt: dass Gott nämlich, so verheißen es die großen Visionen der Bibel, am Ende der Tage einmal alle Völker zu einem großen Mahl versammeln wird, sodass niemand mehr zu hungern braucht und Gerechtigkeit und Friede herrschen. Somit ist unser Refektorium mit den Heiligenbildern an der Wand auch ein Hinweis auf die Zukunft: Wir erfahren jetzt schon ein bisschen von dem Himmel, den Gott für alle Menschen ermöglichen wird.

So viele Bedeutungen machen jedes Essen im Kloster zu einer kleinen Feier. Mittags und abends wird vor dem Essen ein Tischgebet gesprochen. Danach wird ein kurzer geistlicher Text vorgelesen. Im Anschluss an das Essen gedenken wir mittags oder abends unserer Verstorbenen, von denen wir hoffen, dass sie am großen Mahl im Himmel schon teilhaben dürfen. Außerdem ist hier auch der Platz, an dem wir uns auf Namenstage, runde Geburtstage oder andere Jubiläen von Brüdern aufmerksam machen. Mir geht es nach 30 Jahren im Kloster mittlerweile so, dass ich nur noch schwer allein essen kann.

Während des Essens reden wir. Die Themen ergeben sich von selbst. Wir sprechen über unsere Erfahrungen bei der Arbeit. Wir tauschen unsere Gedanken zur aktuellen Nachrichtenlage aus. Es ergibt sich auch, dass wir überlegen, was wir in der Gemeinschaft noch tun müssten oder was wir besser lassen sollten. Und manchmal, das sei zugegeben, geht es auch um abwesende Brüder. Ich erwische mich immer wieder dabei, obwohl Franziskus damals schon ermahnte: «Die Brüder sollen in Abwesenheit des Bruders nur das über ihn sagen, was sie ihm in Liebe auch persönlich sagen würden.» Vermutlich wissen die Schweigeorden, warum sie auch bei Mahlzeiten kein Gespräch zulassen …

In der Küche habe ich schon gesagt, welche Herausforderung das gemeinschaftliche Essen für den Koch ist. Für den einzelnen Bruder besteht sie darin, eine gute Balance zu finden zwischen dem Recht auf den persönlichen Geschmack und der Pflicht, sich auf ein neues Aroma einzulassen. Nur zu sagen: «Das schmeckt mir nicht!», stört die Gemeinschaft. Wer so redet, macht sich abhängig von seinen engen persönlichen Vorstellungen. Außerdem: Die Mitmenschen sind doch nicht dafür da, ständig den individuellen Geschmack zu bedienen.

Das gilt nicht nur fürs Essen. Das ganze Leben wird langweilig, wenn man sich nur dem stellt, was einem schmeckt. Am Ende isst man nur noch Wiener Schnitzel mit Pommes. Und nur, wenn es sein muss, mit Salat. Die lange Reihe der Imbissanbieter könnte ihre Speisekarten gemeinsam drucken. Das wäre billiger und könnte auch die überzogenen Preise senken, die für ein wenig Hackfleisch, zwei Zwiebelringe, eine Scheibe Tomate und ein Salatblatt verlangt werden. Oder für ein Fladenbrot mit einigen Fleischstückchen auf ein bisschen Grünzeug und mit viel Soße.

Das Speiseverhalten in unserer Gesellschaft entspricht in etwa dem Nutzungsverhalten beim Umgang mit Textverarbeitungsprogrammen: Man kennt nur etwa acht Prozent der Möglichkeiten und verschiebt das Lernen der restlichen 92 Prozent auf morgen, statt heute damit anzufangen, seinen Horizont zu erweitern. Jeder vor seinem Bildschirm. Jeder vor seinem Teller. Möglichst noch mit Kopfhörern abgeschottet von der Umwelt. So können keine neuen Ideen entstehen.

Im gemeinsamen Mahl werden Ideen durchgekaut. Man gewinnt Geschmack nicht nur an neuen Speisen, sondern auch an neuen Perspektiven. Mittlerweile wird das auch in Personalabteilungen großer Firmen erkannt. Neu zusammengesetzte Teams starten nicht mehr einfach zu einem langweiligen Geschäftsessen. Sie treffen sich in einem Restaurant, wo sie an einem karg gedeckten Tisch Platz nehmen. Nach einer kleinen Vorspeise kommt der Küchenchef. Er inszeniert eine wortreiche Entschuldigung, dass ihm das Küchenpersonal ausgegangen sei. Leider müsse er die Tischgesellschaft bitten, selbst mit Hand anzulegen. Ohne viel Federlesen hält er jedem eine Kochschürze entgegen. Alle stehen auf und begeben sich in die Schauküche, die offen an den Speisesaal angegliedert ist. Plötzlich schneidet der Abteilungsleiter mit dem Gemüsehobel die Karotten, der Praktikant bereitet unter Anleitung die Suppe zu, der Senior im Team schlägt die Sahne, und zwei bis dahin einander fremde Mitarbeiter übernehmen das Eindecken und Schmücken des Tischs. Nach anfänglicher Skepsis entsteht eine Atmosphäre, in der man sich menschlich näherkommt. Beim anschließenden Mahl werden die angeregten Gespräche, die beim gemeinsamen Werkeln aufkamen, weitergeführt. Der Abend räumt Vorurteile beiseite, bricht vorhandene Skepsis auf und führt zu Tischgesprächen, in denen Menschen von sich und ihrer Herkunft erzählen, Motivationen preisgeben und sich gegenseitig überraschen. Man begegnet zusammen der neuen Situation und findet auf diese Weise leicht zu einer gemeinsamen Basis, von der aus man als neues Team starten kann. Der Kontakt beim Essen sorgt dafür, dass man ein Gefühl füreinander entwickelt. Der gemeinsame Genuss von Früchten der einen Mutter Erde, wie Franziskus sie nennt, bindet wie von selbst in den gemeinsamen Weg ein. Eine intensive Mahlgemeinschaft, ganz im Heute genossen, ist der kreative Ort, an dem man alles durchkauen kann und dabei zu Visionen für morgen kommt, die einer allein nie hätte entwickeln können.

Deutschland sollte sich wieder mehr Mahlgemeinschaften leisten. Es lähmt die Produktivität von Schülern, Arbeitern und Angestellten, wenn das gemeinsame Mahl zu kurz kommt. Natürlich entstehen Kosten, wenn man für eine gute Atmosphäre im Speisesaal sorgt. Decken auf dem Tisch, eine frische Blume hier und da und entsprechende Servietten können schon viel ausmachen. Und da, wo es möglich ist, bitte die Büfetts wieder abbauen. Es erfüllt mich mit Unbehagen, wenn ich mich mit einer Gruppe in einem Bildungshaus befinde und beim Mittagessen zum sogenannten Büfett gehen muss, um dann wie alle anderen mit meinem gefüllten Teller durch den ganzen Raum zu meinem Platz zu jonglieren. Da sitzt dann jeder mit dem, was ihm schmeckt, vor seinem Teller. Man wartet nicht mehr aufeinander, weil der andere ja noch nicht an den Tisch zurückkommt. Ein Gespräch wird nur so lange geführt, bis der Erste fertig ist und ebenso wieder seines Weges geht, wie er allein an den Tisch gekommen ist mit seinem Essen. Statt eine Gemeinschaft beim Mahl zu bilden, wird auch hier schon das

Prinzip der Futtertheke angewandt. Lebendig und kreativ ist das nicht.

Die Verbindung von Küche und Refektorium ist für uns mehr als nur eine Tür, durch die das Essen gereicht wird. Essen ist ein Vorgang, der mit der Küche verbunden ist. Essen als Kommunikation mit der Schöpfung, die wir in uns aufnehmen, hat Kommunikation zur Folge sowohl mit denen, die unsere Nahrung zubereiten, als auch mit denen, die mit uns am Tisch sitzen. Nicht ohne Grund sind offene Küchen in Restaurants so beliebt. Man nimmt teil am Prozess des Kochens. Die Hingabe, mit der in der Küche gearbeitet wird, überträgt sich auf die Gemeinschaft am Tisch.

Wer sich daheim Gäste einlädt, sollte nicht alles allein vorbereiten. Es ist ein besonderes Ereignis, Freunde zu bitten, bei der Vorbereitung des Festes zu helfen. Es kommt nicht allein darauf an, dass «später» alles fertig ist. Nein, hier und jetzt beginnt das Fest. Den Raum und den Tisch schmücken, in der Küche helfen, sich auf die Gäste einstellen: Ja, Vorfreude ist die beste Freude und gehört mit zum feierlichen Mahl, zu dem wir eingeladen haben.

Nicht jede Mahlzeit hier im Refektorium ist ein Festmahl. Die Einrichtung des Raums und die Riten rund ums Essen helfen uns aber, auch im Alltag achtsam zu speisen. Allein schon dass die Zeiten klar sind, wann wir uns hier treffen, ist hilfreich und zudem noch gesund. Nur zu essen, wann der Hunger es in einen hineintreibt, wie manche sagen, gehört zu den Unsitten unserer Tage. Verabreden Sie sich mit Kollegen oder Bekannten zu gemeinsamen Mahlzeiten, wenn Sie nicht daheim essen können. Es entlastet den Magen und die Beziehung, wenn klar ist, wann Sie mit wem gemeinsam speisen möchten. Auch die Familie und ein Singlehaushalt brauchen Zeitzonen, die ausschließlich dem

Essen gewidmet sind. Schön, wenn die Kinder von Anfang an mit einbezogen werden und nicht nur auf das Kommando «Essen ist fertig» an den Tisch stürmen. Kindergärtnerinnen erzählen mir, dass sie mit den Kindern regelrecht ganz von vorn anfangen müssen: Am Tisch sitzen bleiben beim Essen. Nicht sofort beginnen, wenn der Teller vor einem steht, sondern auf alle warten. Von allem probieren, was auf dem Teller ist. Gemeinsam das Mahl beenden. Manche Kinder müssen sogar erst noch lernen, richtig zu kauen. Nicht zu viel in den Mund nehmen. Lange genug die Zähne benutzen. Sorgsam auch Kraft dabei anwenden. Nicht zu schnell die Nahrung herunterschlucken. Wenn ich durch die Fußgängerzonen gehe und sehe, wie dort Männer und Frauen nach vorn gebeugt einen Döner Kebap eher lutschen als essen, wundert es mich nicht, was man deren Kinder alles lehren muss.

Ich würde gern Jugendliche davon überzeugen, auf Fast-Food-Orgien zu verzichten und stattdessen eine Vegetarierparty zu machen, die mit dem Einkauf auf dem Markt beginnt, mit Gemüseputzen weitergeht und mit Kochen und Backen und Braten zu einem schönen Gemeinschaftserlebnis führt. Vermutlich würde es so kommunikativ werden, dass nicht einmal Musikberieselung nötig wäre, weil die Bearbeitung der Natur uns ganz archaisch öffnet für die «Musik», die in den Dingen ist.

Auch diese Party darf nicht später anfangen. Das Leben ist hier und jetzt: sich Zeit nehmen, Essen zubereiten und Mahl halten. Nicht blind hineinschieben, sondern dankbar von der Natur empfangen, in der Küche verarbeiten, am Tisch entgegennehmen und gespannt sein, wie es jetzt wohl wieder schmecken wird. Das ist die Aufgabe. So entstehen Orte, an denen man miteinander redet und Pläne schmiedet, die gemeinschaftlichen Anliegen durchkaut und auch auf Ideen kommt, von denen man noch nicht weiß, ob sie einem denn schmecken werden. Macht aber nichts. Beim Mahl erhalten wir Kraft für ein Leben, das bereit ist, heute anzufangen. Wer bis morgen wartet, weil er denkt, dass es ihm dann besser schmecken wird, bekommt es morgen nicht mehr warm. Und es ist nicht ganz frisch.

8. Die Klosterzelle I

«Ich habe keine Zeit!»
Oder: Den Tag persönlich gestalten

Die öffentlichen Räume des Hauses stehen jedem Bruder zur Verfügung. Das Gegenstück dazu bildet die persönliche Klosterzelle. Um zu ihr zu gelangen, müssten wir jetzt die Treppen hinaufgehen. Leider kann ich Sie nicht dahin mitnehmen. Dort oben halten wir noch strenger die Klausur ein als hier unten. Dort ist der Privatbereich der Brüder. Dort möchten wir nicht gestört werden. Wir scheuen uns auch davor, Fotos von diesem Ort zu zeigen. Weil wir in Gottesdiensten und bei anderen Tätigkeiten immer wieder in der Öffentlichkeit stehen, brauchen wir diese Zone, in der jeder ganz für sich allein sein kann. Und auch das gemeinschaftliche Leben im abgegrenzten Raum des Klosters selbst benötigt noch einmal eine Abgrenzung, einen Raum, in dem jeder Bruder für sich ist und ihn niemand stören darf. Wir Brüder klopfen nur selten beim anderen an. Das ist auch gar nicht nötig. Wir sehen uns ja tagsüber oft, und gegebenenfalls können wir uns verabreden.

Stellen Sie sich die Klosterzellen bei uns oben im Haus nicht allzu karg vor. Meistens gibt es ein kleines Schlafzimmer und Arbeitszimmer. Diese Räume nennen wir Zellen. Wer zum ersten Mal mit uns in Berührung kommt, findet diese Bezeichnung ganz witzig. Er muss gleich an Gefängniszellen denken. Das passt zu den Vorurteilen, die landläufig mit dem Ordensleben verbunden werden, man sei eingesperrt oder gar weggesperrt im Kloster. Mir gefällt der Begriff trotzdem. Darum spreche ich auch nicht vom Zimmer, wenn ich den Privatraum eines Bruders meine. Nein, es sind Zellen, und zwar lebendige Zellen im Organismus Kloster. Kein Mönch lebt wirklich ganz allein. Niemand ist ein Robinson auf seiner einsamen Insel. Auch in den großen Mönchsabteien sind die Zellen Teil einer lebendigen Organisation, in der jeder seinen Platz findet.

Uns ist es wichtig, dass auf dem Gang und in den Zellen absolute Stille herrscht. Das fördert die Konzentration und hält Leib und Seele zusammen. Nicht jedem Bruder liegt es, durchgehend in dieser Stille zu leben. Der eine besitzt ein kleines Radio, der andere nutzt mittlerweile auch einen Laptop oder einen MP3-Player. Darüber wird bei uns aber durchaus diskutiert. Denn die Stille ist eine der Grundlagen des Ordenslebens. Ohne Stille kann die Beziehung zu sich selbst, zum anderen und zu Gott nicht wachsen.

Dies führt bei uns, wie gesagt, durchaus zu Diskussionen. Schließlich, so sagen die Befürworter dieser technischen Geräte, leben wir heute und wollen nicht Menschen von gestern sein. Dem kann ich zustimmen. Ich nutze ja selbst die modernen Kommunikationsmittel. Sie sind ein Segen, den man nicht einfach außen vor lassen darf. Allerdings: Sie segnen nicht automatisch. Sie können einen auch ganz schön im Griff haben. Manchmal sehne ich mich nach den Zeiten, in denen es noch kommunikationsmittelfreie Zonen gab. Gut, dass wenigstens die Arbeitszelle und die private Zelle voneinander getrennt sind. In der ersten stehen das Telefon mit Durchwahlmöglichkeit, ein Radio und der Laptop. Was für eine Versuchung, mal eben ein wenig Musik zu hören oder, noch schlimmer, E-Mails zu checken!

Ich erinnere mich an einen Tag im Boarding-Bereich des

Flughafens von Edinburgh, an dem wegen einer Terrorwarnung die Sicherheitsmaßnahmen verschärft wurden. Keiner durfte ein Handy oder einen Laptop dabeihaben. Manch ein Manager stand vor einem Münztelefon und versuchte sich zu erinnern, wie das wohl funktioniert. Andere aber saßen im lockeren Gespräch beieinander. Ich habe selten eine entspanntere Atmosphäre unter Geschäftsleuten erlebt. Plötzlich hatten sie Zeit. Freiwillig entschließt sich keiner dazu, eine Stunde des Wartens auf den Flieger für ein entspanntes Gespräch unter Kollegen zu nutzen.

Unsere Gesellschaft wird von den Kommunikationsmitteln ganz schön im Griff gehalten. Wir lassen uns das Heft zur Gestaltung unserer Lebenszeit aus der Hand nehmen. Jeder und alles will darin etwas zu sagen haben. Es klingelt und blinkt auf in einem fort. Alles muss sofort erledigt werden. Die Ereignisse dieser Welt bedrängen uns auf allen Kanälen. Wir müssen stets up to date sein. Wir springen von der Nachrichtensendung zum Nachrichtenportal, und zwischendurch müssen die E-Mails abgerufen werden. Alles darf sich wichtigmachen. Und am Ende wissen wir gar nicht mehr, was wir denn eigentlich wollten. Wir spielen nicht im Leben, sondern das Leben, so sagen wir, spielt uns mit. Wir geraten vor lauter Eindrücken in die Defensive gegen das, was aus der Welt auf uns hereinbricht. Wir brauchen dafür Orte, an denen wir die vielen Eindrücke ordnen können. Wo sie zur Ruhe kommen können. Wir brauchen Zonen, in denen die lauten Töne unserer Zeit nachklingen können.

Die Klosterzelle ist so eine Zone. Auch wenn ich in der Arbeitszelle bin: Mein Laptop und mein Telefon bekommen Ruhepausen verordnet. Ich muss nicht immer online gehen, ich muss nicht immer erreichbar sein. Es gibt Wichtigeres als das, was mich ständig auf das Morgen hin orientieren will. Ich entscheide, wer in die Zeit einschneiden darf, die mir gegeben ist. Das Heute ist mir wichtig. Es lässt sich nicht wiederholen. Darin will ich Mensch sein. Darum pflege ich meine Klosterzelle als einen Ort, der sich wichtigmachen darf. Auch wenn ich viel unterwegs bin, oder gerade deshalb: Am liebsten sind mir die Zeiten, die ich für meine Klosterzelle reserviert habe. Da kann ich ganz frei nachsinnen. Das Kreuz in den Blick nehmen. An die Ereignisse der vergangenen Stunden denken. Aus dem Fenster schauen. Einfach da sein. Einfach Zeit haben. Einfach leben. Zweimal am Tag bin ich für drei Stunden telefonisch erreichbar. Das Handy ist für die Dienstzeiten gedacht, um Kurzfristiges abzusprechen. Ich nutze den Anrufbeantworter und schätze es, Telefontermine zu vereinbaren. Sonst kann ich vor lauter «Kannst du mal eben?» gar nicht hier und heute leben, sondern werde ständig woanders hingerissen mit meiner Aufmerksamkeit.

Das Unglück des Menschen beginne damit, so sagt ein Sprichwort ganz richtig, dass er außerstande sei, mit sich allein in einem Raum zu sein. Es wird zwar immer wieder davon gesprochen, dass man sich nach Ruhe sehnt. Aber unsere Klostergäste sind ein gutes Beispiel dafür, was geschieht, wenn wirklich einmal Ruhe möglich wäre: Ohne Handy geht schon mal gar nichts. Jede Gelegenheit zum Smalltalk wird genutzt. Kaum im Haus, muss schon der Schlüssel her, weil man ja auch nochmal raus möchte.

Diese ständige Unruhe. Für den Anfänger ist es schwer, sich einfach auszuhalten und daran zu glauben, dass im eigenen Herzen mehr Leben ist als irgendwo anders. Die Stille und Ruhe der Klosterzelle helfen einem dabei, dieses Leben nicht zu verpassen. Man wird nicht mehr abgelenkt. Man hat endlich mal Zeit für sich, kann sich endlich auf die Stimmen besinnen, die zu einem selbst gehören. In der heutigen Gesellschaft kann sich das kaum noch einer leisten: auf sich selbst zu hören. Nehmen Sie sich diese Stunde mit sich selbst am Tag. Und wenn es gar nicht anders geht: wenigstens eine in der Woche. Setzen Sie sich daheim an Ihren Lieblingsplatz. Nehmen Sie ein Blatt zur Hand. Schauen Sie aus dem Fenster. Oder auf ein schönes Kalenderbild. Alle Gedanken sind jetzt erlaubt. Reden Sie sich nicht selbst rein. Schalten Sie die Autozensur aus. Zeile um Zeile des Blatts können Sie nun füllen: mit Namen von Freunden, Anfängen von Gedichten, Kinofilmen, einem Streitwort aus den letzten Tagen. Alles ist erlaubt. Wenn Sie sich erst einmal darauf einlassen, werden Sie gar nicht merken, wie die Zeit vergeht. Sie erfahren, wie sehr das Jetzt Ihre Zeit ist. Sie erfahren sich selbst im Dialog mit Ihrem Leben. Sie können ganz in Ruhe atmen. Ihr Herz bleibt von selbst in Gang. Sie sind mit Leben beschenkt.

Wer auf diese Weise seinen Alltag gestaltet, der erfährt, was unser Reichtum ist. Die Kapuziner sprechen von der Fülle des Lebens, die sich dem Herzen des Menschen erst in der Stille erschließt. Diese Fülle ist unvergleichlich, denn niemand hat im Leben das erfahren, was nur Sie erfahren haben. Jeder Einzelne ist Fachmann der eigenen Existenz. Es gab wunderbare Momente, die man nicht missen möchte. Da waren auch schwere Stunden dabei, die einem immer noch nachhängen. Die Stille ist der Rahmen, in dem diese unterschiedlichen Erfahrungen zusammenfinden können. Darin werden wir persönlicher. Wir werden unverwechselbar lebendig. Und anstößiger.

Jeder erlebt seine Zeit. Jeder gestaltet seine Zeit. Jeder berührt mit seiner Zeit die Zeit des anderen. Konflikte sind da vorprogrammiert. Deshalb treten wir aus der Klosterzelle in eine Ordnung ein, die wir vorher verabredet haben. Sie steht über uns, damit wir nicht ständig kämpfen müssen, wer wessen Zeit wie beanspruchen darf. Die Ordnung dreht sich um die Person Jesu.

Ihn wollen wir loben in unseren Gebetszeiten. Ihm geben wir die Ehre, wenn wir die Tischgemeinschaft pflegen. Aus der Klosterzelle treten wir in die Zeit ein, die durch diese Ordnung gestaltet ist. Sie hilft uns, das für wichtig zu halten, was uns tatsächlich wichtig ist: Nein, ich kann jetzt nicht mit Ihnen telefonieren, wir treffen uns zum Gebet. Ja, nach zwanzig Uhr geht es für eine Stunde. Ja, ich habe Zeit. Aber nicht immer für dich. Nicht jederzeit.

Die Klosterzelle schützt den Bruder, die Klosterordnung und die Gemeinschaft davor, sich ständig die Zeit für das Gebet und die geistlichen Übungen aufs Neue erkämpfen zu müssen. Es sind Wachstumszonen, sie entlasten. Um diesen Schutz müssen wir uns nicht mehr kümmern. Die Struktur des Klosters, die Zellen und der Tagesplan sind die Freiräume, die uns helfen, wach für das Leben hier und heute zu sein.

Das ist alles andere als ein schrecklicher Zwang. Der findet ganz woanders statt. Das Einstudieren der Einheitssprache von Betriebssystemen und Software rauben ganzen Völkern Zeit (und dazu Nerven). Jedem winkt die Aussicht, ein kleiner Computerfachmann werden zu können. Wir werden für morgen fit gemacht. Und das heißt: heute sein Leben zu vergessen und für morgen Anpassung zu üben an die neue Sprache von Bits und Bytes. Am Ende wissen wir alle, was «Strg+C» bedeutet, aber keiner kann mehr mit dem Füller schreiben. Mit der eigenen Handschrift. In der persönlichen Zeit.

Draußen geht es weiter. Wir stehen uns vor Automaten die Beine in den Bauch bei dem Versuch, ihnen Fahrkarten zu entlocken. In dem Wahn, selbst und unabhängig suchen zu wollen, verbringen wir Stunden in Webshops und auf Reiseseiten des Internets und können uns dann doch zu nichts entschließen. Wir werden mit kleingedruckten Betriebsanleitungen und mit

Bedienelementen technischer Geräte konfrontiert, deren Sinn zu verstehen ein höheres Informatikstudium voraussetzt. Wir hängen in Warteschleifen und lassen uns zum hundertsten Mal erklären, dass unser Gespräch zur Sicherung der Servicequalität mitgeschnitten werden kann, ohne aber zu dem Gespräch selbst zu gelangen: «Bitte rufen Sie später wieder an», heißt es nur lapidar. Wir sitzen im Stau, weil uns die Bahnfahrt zu umständlich erschien. Wir kommen zu spät, weil wir die Anreise zu knapp kalkuliert haben, und regen uns auf, wenn die Bahn nicht schafft, was wir selbst nicht schaffen: sich an die Ordnung der Zeit zu halten.

Auch vor einem Kapuzinerkloster macht der fiebrige Zeitgeist nicht halt. Wir spüren noch deutlicher seine Macht. Er reißt uns fort. Seine Verheißung ist ganz irdisch: Wenn du erst mal einen Computer hast, dann kannst du deine Texte ja später noch mal gründlich bearbeiten. Im Klartext: Du brauchst in der aktuellen Zeit nicht ganz so aufmerksam zu sein. Aber auch: Beschäftige dich erst später richtig mit den Sachen. Oder: Wenn du ein Telefon mit Anrufbeantworter hast, bist du immer erreichbar. Auf den Punkt gebracht: Du brauchst nicht an Menschen zu denken, die heute wichtig für dich sind. Was eine solche Verheißung verschweigt: Später musst du deine Zeit erst einmal damit verbringen, die Maschine abzuhören und dann auch noch die Rückrufe zu tätigen.

Es hat mir gutgetan, mich nach einigen Jahren des Mitrennens umzustellen. Mir wurde plötzlich klar, dass sich Zeit nicht einsparen lässt. Man hat ja immer dieselbe Menge davon zur Verfügung. Wichtig ist, dass ich sie einteile. Wenn ich unterwegs bin, trage ich oft mein Ordensgewand. Es sei die kleinste Zelle, die wir Klosterbrüder haben, meint Franziskus. Es erinnert mich daran, dass nichts und niemand das Recht hat, mich aus der selbstgesuchten Ordnung herauszuholen. Ich bleibe Herr meiner Zeit. Ich mache mir das am besten an dieser kleinsten Zelle, die ich am Leib trage, bewusst. Wie oft werde ich angesprochen: «Ach, Bruder, hätten Sie einen Moment Zeit für mich?» Meine Antwort gebe ich sehr selbstbewusst: «Ich habe Zeit, und bevor mein nächster Termin in zehn Minuten beginnt, nehme ich mir gern drei Minuten Zeit für Sie.» Oder ich sage auch: «Nein, ich will mir jetzt keine Zeit für Sie nehmen. Mir ist es wichtiger, die verbleibende Zeit bis zum nächsten Termin in Ruhe zu verbringen.» Das hört natürlich niemand gern. Da fühlt sich der andere abgelehnt. Aber eigentlich gestehe ich nur ein: Ich bin nicht Gott. Ich kann nicht überall sein. Nur hier und jetzt. Mit dieser Zeit. In diesem Moment. Ganz genau jetzt. Ein neuer Schritt für mein Leben.

9. Die Klosterzelle II

«Am liebsten alles liegenlassen.»
Oder: Arbeiten als Last mit Lust

Es gibt Tage, da schmeckt einem die Arbeit einfach nicht. In der Klosterzelle muss dann mit dem Teufel gekämpft werden. Das ist kein mit dem Schwanz wedelnder Teufel wie der, nach dem Martin Luther auf der Wartburg einst sein Tintenfass warf. Nein, viel subtiler kommt er daher und legt einem Tausende von Ausflüchten ans Herz. So machen diese einen glauben, heute kann ich mit der Arbeit nicht beginnen. Und dann fängt mitten am Tag das an, was man mit Fug und Recht Trägheit nennt, die verderbliche Form des Müßiggangs, der, wie schon der Volksmund weiß, aller Laster Anfang ist. Das geht dann etwa so: Man sollte etwas schreiben. Es wäre etwas zu organisieren. Einige warten schon auf ein Protokoll. Es gibt noch zig E-Mails im Posteingang. Auch die Schneckenpost hat einiges auf den Schreibtisch gebracht. Für einige Stunden sollte auch der Garten den Arbeitseinsatz aller Brüder sehen. Die Bibliothek wartet ebenfalls auf jemanden, der Ordnung schafft.

Wahrhaft teuflisch ist das, was einen davon abhält. Es flüstert unaufhörlich: Später. Dieses magische Wort vertröstet uns auf den richtigen Moment, der erst noch kommen muss und den man doch braucht, um eine Sache endlich anpacken zu können. Es spricht von den Kräften, die man zwar hat, aber noch schonen muss. Die Einflüsterungen lenken die Aufmerksamkeit auf die anderen Brüder im Haus, die ja auch noch nicht angefangen haben (obwohl man das ja gar nicht weiß). Später sei man in der richtigen Verfassung. Erst dann kämen die richtigen Ideen. Man sei jetzt noch nicht so weit. Es fehle gewissermaßen noch der letzte Anstoß.

Diese Art von Trägheit, die auf das Später vertröstet, hat eine lange Tradition in der Geschichte der Menschheit. Im Christentum haben schon die Wüstenväter mit ihr gekämpft. Sie empfehlen neben der Lebensordnung, die man sich geben soll, auch eine Beschäftigungsordnung. Auch wenn es paradox klingt: Um jetzt aufmerksam und wach zu leben, solle man sich in der Phantasie dahin versetzen, wohin man kommen will. Also: ein Ziel ins Auge fassen und dann den Willen entwickeln, sich diesem Schritt für Schritt anzunähern. Es geht dabei ganz und gar nicht um eine Vertröstung auf das Später. Es ist vielmehr die Übung, das Ziel schon jetzt und hier wirksam werden zu lassen. Es hat mir jetzt etwas zu sagen. Es fordert mich jetzt schon heraus. Es «verleiht Flügel».

Daraus entsteht eine aktive Haltung zur Arbeit. Die anstehenden Aufgaben werden nicht mehr isoliert gesehen. Sie sind Teil eines größeren Ganzen, dem man entgegenstrebt. Und wenn man heute ganz präsent an der Verwirklichung des Ziels arbeitet, kommt dieses auch schon in das eigene Leben hinein.

Die Christen sagen das auch über ihre Beziehung zu Jesus Christus. Das Motto des langjährigen Bischofs von Münster in Westfalen, Reinhard Lettmann, hat mir immer schon gefallen: dem kommenden Christus entgegeneilen. Darin steckt die Wachheit und die Kraft, die man heute hat, wenn man einem Ziel entgegenstrebt. In dieser Glaubenshaltung liegt zusätzlich auch eine große Beruhigung: Das Ziel strebt auch mir entgegen. Es wird mich erreichen. Und damit steht auch fest, dass ich es erreichen werde. Die Benediktinerin Silja Walter dichtete:

Jemand muss zu Hause sein,
Herr,
wenn du kommst.
Jemand muss dich erwarten,
unten am Fluss
vor der Stadt.
Jemand muss nach dir
Ausschau halten,
Tag und Nacht.
Wer weiß denn,
wann du kommst?

Ich glaube fest an diese Wiederkehr Christi. Das ist für mich weniger mit all den Vorstellungen verbunden, die unter dem Stichwort «Apokalypse» in manchen Köpfen herumschwirren und nichts anderes tun, als die Menschen von der Arbeit abzuhalten und sie zu verängstigen.

Wenn ich als Christ glaube: «Der Herr ist im Kommen!», dann sage ich schlicht und ergreifend: Das Ziel der Welt, das wir anstreben, strebt auch uns an. Wer dafür Zitate aus der Bibel braucht, kann eindringliche Worte Jesu dazu finden: «Das Himmelreich ist nahe» (Mt 3,2). «Das Reich Gottes kommt und ist mitten unter euch.» (Lk 17,20)

Ganz anders, als es die Kritiker der Religion im ausgehenden 18. Jahrhundert meinten, schärft der Blick auf den Himmel den Blick für die Gegenwart. Wenn das Reich Gottes, das kommen wird, schon mitten unter uns ist, dann dürfen wir nicht sitzen bleiben und faul abwarten. Es entsteht eine aufmerksame Lebenshaltung, die in allem schon jetzt entdecken will, was noch kommen wird. Das Leben jetzt ist die Vorbereitung auf die Ankunft des Herrn. In der Bibel findet Jesus dafür oft Bilder von der Hochzeit. Weil sie das Fest erwarten, intensivieren alle ihre Anstrengungen der Vorbereitung. Das, was man heute schafft, empfindet man schon als eine Erfahrung dessen, was man morgen erwartet. Dann ist schon da, was eigentlich noch im Kommen ist. Noch einmal die Nonne Silja Walter:

> Jemand muss es glauben,
> zu Hause sein um Mitternacht,
> um dir das Tor zu öffnen
> und dich einzulassen,
> wo du immer kommst.
> Herr, durch meine Zellentüre
> kommst du in die Welt
> und durch mein Herz
> zum Menschen.
> Was glaubst du, täten wir sonst?
> Wir bleiben, weil wir glauben.
> Zu glauben und zu bleiben
> sind wir da …

Es geht darum, ganz präsent zu leben. Wer die eigenen Ziele zu hoch steckt, kann davon erschlagen werden. Er kommt keinen Schritt voran, weil er wie das Kaninchen auf die Schlange schaut. Wenn ein Karriereberater jungen Menschen dann auch noch eine Software anbietet, mit der man seine Karriere planen kann, möchte ich am liebsten ein Giftzeichen auf den schicken Laptop malen und sagen: «Ich weiß schon, wo jede Karriere endet!»

Die Zahl der Studienabbrecher ist erschreckend hoch. Drei-, viermal müssen die jungen Leute ansetzen, um auf den rechten Weg zu kommen. Nicht eine Ausbildung, nein, zwei oder besser drei müssen absolviert werden, damit es dann, später, endlich zum richtigen Berufseinstieg kommt. Viel zu oft höre ich den Satz: «Ich will Geld verdienen.» Das ist das Echo der Rede von uns Älteren. Wir sprechen davon, dass nur der wirklich lebt, der ganz oben angekommen ist. Wir vermitteln ihnen den Eindruck, dass sie nur etwas wert sind, wenn sie auch entsprechend viel verdienen. Sie fahren auf diese Reden erschreckend gehorsam ab. Die Generation «Praktikum» wird nicht nur ausgebeutet. Sie lässt sich auch ausbeuten, weil sie sich vertrösten lässt: Wenn du später etwas zu sagen haben willst, musst du heute schön still sein. Wenn du später genießen willst, etwas sein willst, musst du heute ertragen, ein Nichts zu sein. Als der Lehrling noch das Teilstück feilte und nicht genau wusste, wozu, hatte er wenigstens noch Vertrauen in den Meister. Der lehrte ihn, das Einzelteil sorgfältig zu feilen, als sei es das Wichtigste, das es im Leben gibt. Da war die Liebe zum Detail noch möglich, weil der Glaube noch lebendig war, dass niemand im Leben alles erreichen kann und jeder, wo immer er auch stehen mag, letztlich nicht mehr tut, als an dem Stück zu arbeiten, das ihm zugeteilt ist. Damit war die Hoffnung verbunden, dass alles zu einem großen Ganzen zusammengefügt werden will, und zwar zu einer Zeit, die wir nicht in der Hand haben. Dieser Glaube, von Kritikern als Vertröstung in Misskredit gebracht, hat stark gemacht für das Heute. Der moderne Glaube aber, dass alles in unserer Hand läge und wir alle einmal groß und reich und stark sein werden – man möchte am liebsten sagen: einer gegen den anderen –, macht schwach. Ein Traum, der uns überfordert. Weil wir der Vision nicht dienen können, die uns einfordert.

Die Trägheit schwindet, wenn man der Vision traut, die nicht dem eigenen Glück dient, sondern dem Glück derer, die wir lieben. Oder doch zumindest lieben sollten. Es entsteht ein Friede, wenn Teilziele erreicht werden. Wir empfinden Freude, weil die Vision durch unserer Hände Arbeit einen Schritt weiter ins Leben der Welt eingebrochen ist.

Die Arbeit geht einem leichter von der Hand, wenn man sich nicht ständig hinziehen lässt zu der Verheißung eines Trosts, der dann kommen wird, wenn alles verwirklicht ist. Man wird nur traurig darüber, dass man es noch nicht geschafft hat.

Sie können es machen wie wir Brüder: Stecken Sie sich die Ziele so, dass Sie sie mit Freude in Teilzielen erreichen können. Unsere Augen sind oft größer als unser Mund. Das gilt auch hier: Wir sehen oft mehr, als wir können. Darum ist die demütige Anerkennung unserer Grenzen ein wichtiger Bestandteil glücklicher Arbeit. In jedem kleinen Schritt kündigt sich das Ganze ja schon an. Die Kunst ist es, nicht immer nach vorn zu schielen, sondern die Vollendung schon wie von selbst ins Heute hineinkommen zu sehen.

Wer auf dem Bau arbeitet: Eine Baustelle hat ihre eigene Schönheit. Wer kocht: Jedes Reiskorn trägt die Energie der Sonne in sich. Wer schreibt: Jeder Text wird oft gelesen und geändert. Jetzt und hier sind die Teilziele behutsam zu ergreifen und im wahrsten Sinn des Worts wertzuschätzen: So überwindet man die Trägheit, die einen dazu verführt, alles liegenzulassen, oder die Wut über die eigene Unvollkommenheit, die einen so oft dazu bringt, alles hinzuschmeißen – weil man ja doch nicht das fertigbringt, was man fertigbringen wollte. Wie befreiend, wenn einem klar wird, dass im Entstehen sowieso noch nicht zu sehen ist, was daraus werden wird. Schon deswegen lohnt es sich, jeden Versuch wertzuschätzen, jedes Wort, das man schreibt, ernst zu nehmen.

Jedes Wort hat seinen eigenen Wert, weil es inspiriert ist von einer Idee. Franziskus, unser Ordensgründer, las jeden Papierschnipsel vom Boden auf, der mit Buchstaben beschrieben war. Seine Begründung: Weil mit diesen Lettern der Name Jesu und der Name Gottes gestaltet werden können. Was für eine wunderbare Idee. In allem steckt Anfang und Ende der Welt. In jedem Detail ist das Ganze schon enthalten. Für die Arbeit heißt das: Jeder Handschlag, jedes Nachdenken, alles Kochen und Jäten, Bohren und Putzen haben ihren Wert nicht nur als vollendetes Werk, sondern sind in sich sinnvoll und schön als Schritt in Richtung des Fertigen und Wunderbaren. Was wir auch tun: Der Augenblick ist die Tür, durch die Gott in unser Leben eintritt. Es gibt keine geringwertige Arbeit. Wer ganz in seiner Aufgabe aufgeht, der öffnet dem Himmel eine Tür. Wer sich darauf verlässt, dass das Ganze schon fertig werden wird, kann ganz beruhigt und konzentriert heute schon anfangen, vollendet zu leben.

10. Der Zellengang

«Wenn der nicht wär' ...»
Oder: Wider die gefühlte Nächstenliebe

Im Wohnbereich der Brüder hat jeder seine eigene Schlafzelle. Wer in der Seelsorge tätig ist oder studiert, hat auch noch eine Arbeitszelle. Die anderen Brüder arbeiten im Haus und haben dort ihre Arbeitsräume. Dass jeder Bruder einen eigenen Schlafraum hat, geht auf einen Gedanken des heiligen Franziskus zurück. Die Mönche in den großen Abteien der Benediktiner verbrachten damals ihre Nachtruhe in großen Schlafsälen. In der ersten Unterkunft, die Franziskus mit seinen Brüdern teilte, schrieb der Heilige ans Kopfende der Schlafstelle den Namen eines jeden Bruders. So kommt es, dass die franziskanischen Orden auch heute noch Wert auf einen für jeden Bruder namentlich gekennzeichneten Ort im Gemeinschaftsleben legen. Da gehörst du hin. Hier sollst du sein.

Es war für mich sehr ergreifend, als ich vom Noviziatsleiter mein Namensschild für die Zellentür erhielt. Mein Zimmer im Elternhaus hatte ich verlassen. Jetzt wurde mir ohne Vorleistung ein Platz in meinem neuen Zuhause gegeben. Vielleicht ist es mir deswegen noch heute so wichtig, einem Bruder, der neu in die Gemeinschaft kommt, den Namen zuvor an die Tür zu schreiben und ihm die Serviettentasche zu beschriften. So fühlt er sich gleich willkommen. Mit der Wäsche halten wir es übrigens genauso: Jedes Kleidungsstück hat ein Etikett mit dem Namen des Eigentümers. Zelle, Serviettentasche, Kleidung – der

Name ist Wegweiser, und er ist die Grundlage für die Ordnung im Miteinander.

In der Regel kommt jeder Ordensname nur einmal in der Gemeinschaft vor. Bis vor 40 Jahren war es deswegen Pflicht, dass jeder junge Mann, der Kapuziner werden wollte, einen neuen Namen erhielt. Bonaventura und Fridolin sind da ja noch zu vertreten. Aber Agricola oder Homobono – sie mögen zwar gelebt haben und Heilige gewesen sein –, aber wem solch ein Name sein Leben lang anhaftete, war verständlicherweise nicht gerade glücklich damit. Der Grund für die Namensgebung ist einfach: Mit dem Ordensleben beginnt ein neuer Lebensabschnitt. Man entschließt sich, von jetzt an sein Denken und Handeln ausschließlich nach Gott und den Mitmenschen auszurichten. Man nimmt sich vor, bei allem nur noch auf die Heiligkeit Gottes und die des Menschen zu sehen, kurz: ein Heiliger zu werden.

Mit dem Zweiten Vatikanischen Konzil hat sich die Einstellung zur Namensgebung geändert. Seitdem sieht man in der katholischen Kirche, dass alle Christen durch die Taufe zu einem heiligen Leben berufen sind und dass sie es leben können, egal, ob sie im Kloster sind oder ein weltliches Leben als Christ gestalten. Zu der Zeit, als ich in den Orden eintrat, war es deswegen jedem freigestellt, ob er seinen Taufnamen behalten oder lieber ändern wollte. Und man konnte sich auch aussuchen, welchen Namen man haben wollte. Mir war es wichtig, meinen Taufnamen Bernd abzulegen und mir als Namenspatron den Apostel Paulus zu wählen. Der war offen, tatkräftig und grenzüberschreitend, wenn es um die Mission ging. Er erfuhr eine radikale Änderung in seinem Leben: Aus einem Christenverfolger wurde ein engagierter Christ. Mir erschien das ein gutes Vorbild zu sein. Insgeheim hoffte ich auch, dass der Apostel Paulus im Laufe meines Kapuzinerlebens ein guter Fürsprecher für mich sein würde.

Dass sein Vorbild auf mich abgefärbt hat, kann ich durch Erfahrungen belegen. Ein Name ist eben auch ein Programm.

Ob Chastity-Claire oder Apple oder Iggo oder Sulawi mit einem Programm verbunden sind, wage ich allerdings zu bezweifeln. Von ihren Eltern werden diese Kinder wohl nie erfahren, was diese sich dabei gedacht haben, als sie ihrem Kind einen solchen oder anderen absonderlichen Vornamen aufdrückten. «Armes Kind!», denke ich, wenn mir Eltern bei der Anmeldung zur Taufe solche Namen nennen. Ich kann mich des Eindrucks nicht erwehren, dass sie weniger das Kind oder gar einen Wunsch für das Kind mit dem Namen verbinden: Er klingt schön, er hat uns gefallen. Die wirkliche Begründung wird natürlich verschwiegen: Wir wollen etwas Besonderes sein. Und deshalb muss unser Kind dafür herhalten. Wir möchten zeigen, wie ausgefallen wir sind, wenn wir unser Kind mit einem ausgefallenen Namen belegen. Wir. Wir. Wir. Und das Kind?

Leider ist es nichts Neues, ein Kind und überhaupt den Mitmenschen eher als Zugewinn zu sehen, der den eigenen Bedürfnissen zu dienen hat. Gerne schimpfen jene, denen ein Name für ihr Kind nicht absonderlich genug sein kann, über die angeblich so schlimmen früheren Zeiten. Damals hätten die sogenannten rückständigen Vorfahren ihre Kinder wie einen persönlichen Besitz behandelt. Man spricht mit Entrüstung über die Epochen, in denen sich die Reichen Sklaven hielten, und kommt sich heute so viel gescheiter vor.

Wenn ich mir die heutige Namenswahl so ansehe, kann ich aber noch keinen Fortschritt entdecken. Die Kleinen werden Opfer ihrer Eltern, die sich vorstellen, was für ein Prinz aus dem Nachwuchs wohl werden wird, und nicht zu vergessen: was man selbst als Prinzenmutter und Prinzenvater gelten wird! Ein verklärter Blick auf die Möglichkeiten der Zukunft – und schon sieht man die eigene Tochter als «Germany's Next Top Model». Und den eigenen Sohn als «Superstar».

Aber Kinder haben nichts von Eltern, die sich ständig im Morgen aufhalten. Ein Kind braucht Eltern, die es heute lieben. Ein Kind braucht das Du seiner Mutter und seines Vaters. Es ist ein Geschenk für diese Welt. «Der Herr hat mir Brüder gegeben!», sagt Franziskus in seinem Testament rückblickend. Der Zellengang im Kloster erinnert uns Brüder daran. «Der Herr hat uns ein Kind geschenkt!», müssen Eltern neu lernen zu sagen. Wir Kapuziner «machen» uns die Brüder nicht. Sie kommen einfach. Kinder werden auch nicht gemacht. Sie werden geboren und hoffentlich in einer Liebe gezeugt, die nicht die Produktion im Sinn hat, sondern allein den Partner beziehungsweise die Partnerin und den Wunsch, eine Familie zu gründen.

Darin steckt ja der tiefere Sinn der Namensgebung: Du bist eine Person. Du lebst, weil du jemand bist, dem das Leben von einer höheren Warte aus zukommt als vom Lauf der Welt. Du bist keine Nummer in der Reihe von all dem, was sich wiegen, messen und zählen lässt. Im Namen des Menschen spiegelt sich Gott: Mein bist du! Jeder Mensch ist ein Geschenk Gottes für diese Welt. Du trägst einen Namen, weil du wie deine Namensvorgänger an der Geschichte der Menschheit mitwirken sollst. Kinder werden nicht für ihre Eltern geboren, sondern für diese Welt. Sie sollen nicht ihre Familie glücklich machen, sondern die Familie soll sie beglücken. Sie sind keine Investition in die Zukunft, sondern eine Gabe für die Gegenwart. Kinder wollen heute geliebt werden. Sie dürfen nicht so für ein Morgen trainiert werden, dass ihnen das Heute vergiftet wird. Einem Kind den Namen eines Heiligen zu geben, das meint: Lebe heute gut. Du hast ein Vorbild in der Vergangenheit. Lebe heute beruhigt. Du hast einen Fürsprecher im Himmel.

Pech für den, der dem Himmel nicht trauen will. Er muss sich damit begnügen, Gen und Genom zusammenzuzählen. Wir sind in Deutschland den lieben langen Tag damit beschäftigt, die günstigsten Konstellationen für die Zukunft zu berechnen, die doch keiner kennt. Es werden Bildungschancen ausgerechnet und Pläne entworfen – doch erstens kommt es anders, und zweitens als Gott lenkt, wie wir im Kloster sagen. «Ich habe dich bei deinem Namen gerufen. Mein bist du», lässt sich Gott in der Bibel vernehmen (Jes 43,1). Gott holt alle, die aus der Unzufriedenheit mit sich und der Welt krampfhaft nach besseren Zeiten Ausschau halten, auf den Boden der Gegenwart zurück. Wir gehören nicht einer Zukunft, für die wir heute in Programme und Prognosen hineingezwängt werden müssen. Wir gehören der Gegenwart. Darin spricht Gott uns an. Jeden mit einem eigenen Namen. Keine Nummer. Wir sind nicht dazu geschaffen, nach den Berechnungen der Ökonomen und Demoskopen zu funktionieren. Die kommunistische Ideologie von der Schaffung eines menschenmachbaren Paradieses sieht den Menschen letztlich als Marionette, die dafür entsprechend verbogen werden muss. Die kapitalistische Ideologie, jeder müsse sich Reichtum verschaffen, koste es, was es wolle, macht den Menschen zu einer Funktion rein ökonomischer Effizienz.

Aber der Mensch ist ein Wesen, das sich nicht einen Namen machen muss, sondern einen Namen trägt. Der Mensch kann erkennen, dass er viel mehr ist als alles, was man mit ihm macht oder was er mit sich selbst machen will, um etwas zu werden. Er ist etwas. Er ist eine Person. Unverwechselbar. Wertvoll. Eigenständig. Persönlich. Unberechenbar. Wir sind nicht für die Träume von morgen gemacht. Wir sind für das Heute geschaffen. Darin sollen wir uns mit Kraft und Freude aufrichten, um heute das Unsrige zu tun.

«Später sollt ihr es einmal besser haben», sagten die Alten mit Blick auf ihre Nachkommen. Sie sagten nicht: «Wir wollen es einmal besser haben.» Sie schufteten nicht für das Leben danach. Sie dachten gar nicht an sich. Sie hatten vielmehr ihre Familie im Blick, die Gemeinschaft, das Gemeinwohl. Sie wussten, dass nur etwas werden wird, wenn jeder an seiner Stelle Gas gibt, ohne nur an sich zu denken. Statt vom Morgen zu träumen, packten sie im Heute zu. Deswegen konnte Deutschland so rasant wachsen. Die Leute ergriffen ihre Chance. Die 40 Deutschen Mark, die jeder Bürger nach der Währungsreform in Händen hielt, taugten auch gar nicht zum Ausmalen einer goldenen Zukunft. Sie wurden als Startsignal verstanden, sofort loszulegen. Heute. Ungläubig staunen wir, was da alles in kürzester Zeit aufgebaut wurde. Da hat jeder angepackt. Tag für Tag geschafft und gesucht, wo er etwas leisten konnte. Jeder ergriff die Möglichkeiten, die sich ihm boten. Das Wirtschaftswunderland Deutschland war ein Lebenslustland Deutschland. Wir wissen heute, dass die Kraft damals auch daraus entstand, die Vergangenheit zu verdrängen. Trotzdem gilt: Keiner tröstete sich damit, dass es später besser werde. Der Trost kam aus dem Glauben, dass wirkliches Glück dann entsteht, wenn man sich dem Tag mit seinen Aufgaben zuwendet. Und welche Zukunft daraus wird? Das wird sich schon zeigen.

Die Lust auf das Leben im Heute gründet in einer Sorglosigkeit, die ihre Wurzeln im jüdisch-christlichen Erbe hat. Die Menschen in der Bibel vertrauen entgegen allen Widrigkeiten ihrem Gott fast trotzig. Die französische Gewerkschafterin und Marxismuskritikerin Simone Weil brachte das in unvergleichlicher Weise zum Ausdruck. Sie bekannte sich lange als ungläubig, konnte ihre Wurzeln im Judentum aber nicht verleugnen. Sie wandelte sich zu einer viel zu wenig beachteten großen

Mystikerin und gläubigen Denkerin des 20. Jahrhunderts, die sich kurz vor ihrem Tod 1943 vermutlich von einer Freundin taufen ließ. Sie vertrat die Einstellung, die zum gläubigen Abendland gehört: Meine Sache ist es, an Gott zu denken; Gottes Sache ist es, an mich zu denken.

Wer diesem Programm folgt, kann nicht untätig herumsitzen und auf bessere Zeiten warten. Wer weiß, dass ihm ein Name verliehen ist, der täglich von Gott genannt wird, lebt hellwach. Oder die prophetische Botschaft der Bibel auf den Punkt gebracht: Wenn Gott im Kommen ist, dann kann die Erde aufatmen.

Bis dahin muss die Erde aber noch ein bisschen warten. Ihren Bewohnern – zumindest in unseren Landen – beliebt, Gott zu verabschieden. Das atheistische Bekenntnis ist zur Modeerscheinung geworden: Da ist kein Gott, der Rang und Namen verleiht. Wir vergeben stattdessen die Namen und Ränge selbst. Am schlimmsten sind davon die Kinder betroffen. Sie werden nicht mehr empfangen wie ein Geschenk, sondern, so darf ungestraft gesagt werden, gemacht. Und auch wenn wir ihre Namen selbst erfinden müssen: Sie tragen den, der uns passt und den wir ihnen verpassen. Sie haben zu kommen, wann es uns am wenigsten stört. Sie müssen vollbringen, was wir uns für sie ausdenken im Blick auf ein Leben, das später für sie und uns besser sein soll. Oma und Opa müssen helfen, damit wir frei bleiben. Der Staat muss sie finanzieren. Denn wir wollen auf unsere eigenen Kosten kommen. Das Kindergeld wird schon fest eingeplant für die Abzahlung der Kredite, die man sich für das Leben vor den Kindern erlaubt hat.

Die Generation junger Menschen, die jetzt Eltern sein könnten, verzehrt lieber, was die Alten erarbeitet haben. Warum soll man auch einen Schatz weitergeben, den man empfangen hat?

Erst muss man sich doch selbst mal was leisten. Die Alten werden Schmarotzer genannt, weil sie, so wird gesagt, die Zukunft der Gesellschaft belasten. Eine erbärmliche Weinerlichkeit der Zeitgenossen, die heute eigentlich zupacken müssten, erdreistet sich, im Schafspelz der Sorge um die Zukunft der eigenen Rente in Wahrheit als reißender Wolf jene wegzubeißen, die – und das rächt sich jetzt – alles für ihre Kinder getan haben. Denn dadurch haben diese das Arbeiten nie richtig gelernt. Sie sind in einem diffusen Gefühl gefangen, ein Recht zu haben, bis zum Lebensende versorgt zu werden. Sie hängen ewig am Tropf der Pension von «Papa und Mama» und auch noch von «Oma und Opa». Nach der Scheidung zieht man wieder in sein Kinderzimmer. Als gäbe es ein Recht auf ewige Versorgung. Die Eltern als Lebensversicherung. Hotel Mama als Ausweichquartier. Ich bin immer wieder erschüttert, mit welcher Opferbereitschaft Eltern ihre schon längst erwachsenen Kinder wieder aufnehmen.

Mit Liebe hat das nichts zu tun. Die Liebe will den anderen auf die Füße bringen. Sie bringt die Wahrheit ins Spiel: Jeder Mensch kann sich bewegen. Keiner darf sagen, der andere sei schuld, dass man nicht weiterkäme. Jeder hat einen Namen bei Gott, der von keinem ausgelöscht werden kann. Jeder hat Wert und Würde, jeder hat Rechte und Pflichten. Jeder darf den anderen stören. Und jeder hat die Pflicht, sich vom anderen stören zu lassen. Jeder hat das Recht, sich zu entfalten. Und jeder hat die Pflicht dazu.

Die Tradition der Kapuziner hat Charaktere hervorgebracht, die sich entfaltet haben in der tagtäglichen Bejahung der Brüder, die ihnen «der Herr gegeben hat». Wir müssen in Deutschland wieder dahin kommen, dass wir unseren Nächsten nicht als lästige Störung empfinden, vor der wir uns schützen müssen. Sie können damit beginnen. Heute. Ihre Kollegen sind ein Geschenk auf Ihrem beruflichen Weg. Sie sind ganz anders, als Sie sich das wünschen. Dann werden Sie doch einfach anders und beginnen Sie die Entdeckung Ihres Mitmenschen als Bruder beziehungsweise Schwester. Geben Sie doch Ihren Mitmenschen innerlich die Erlaubnis, Ihnen begegnen zu dürfen. Fragen Sie nach deren Namen. Sprechen Sie mit ihnen darüber, wie sie zu diesen Namen gekommen sind. Lassen Sie andere in Ihre Welt Einblick nehmen; wir sind nicht von lauter Feinden umgeben.

Die Menschen, mit denen wir zusammenkommen, werden nie so sein, dass sie uns passen. Kapuziner erleben das in ihrem Kloster, Eheleute nach dem ersten Ehejahr und Eltern mit ihren Kindern. Wollten wir uns alle vertrösten auf den Tag, an dem alle so sind, wie wir es uns vorstellen, würden wir die Zellentüren unserer Einsamkeit nie öffnen.

Der Schritt aus meinem Leben in die Welt und auf andere zu ist von dem Abenteuermut getragen, der Liebe heißt: «Weil du mir gegeben bist, so ganz anders, als ich dachte, nehme ich dich an. Und werde durch dich zu einem Menschen, der ganz anders ist, als er es bis jetzt von sich dachte. Wenn du nicht wärst, könnte ich nicht sein. Lass uns heute anfangen, neu zu leben.»

11. Der Klostergarten

«Das ist doch natürlich.»
Oder: In Ordnung bleiben

Wir treten nun ins Freie. Es ist Winter, und Sie haben einen weiten Blick in den Garten. Im Sommer ist die Sicht durch die belaubten Bäume eingeschränkt. Einige Schritte bloß, und wir stehen an einem kleinen Fischteich. Dahinter beginnt ein Gemüsebeet. Die Wege sind von Beerensträuchern gesäumt. Einige Flächen liegen brach. Die Gemeinschaft ist nicht mehr so groß, dass ein ganzer Garten nötig wäre, sie zu ernähren. Eine regelrechte Produktion von Blumen und Gemüse zum Weiterverkauf kennt ein Kapuzinerkloster nicht. Mittlerweile ist es eher so, dass wir die Nutzbeete noch mehr verkleinern müssen. In den Gärten unserer Nachbarn wächst alles so üppig, dass sie uns gern davon abgeben. «Das ist doch natürlich», begründen sie ihre Gabe. Und sie ergänzen: «Wer hat, der hat es, um anderen davon zu geben.»

Ganz schön selten geworden, diese Haltung. Meistens heißt es doch eher: Wer hat, der sorge dafür, dass er bald noch mehr habe. Jeder sei sich selbst der Nächste. Die Begründung dafür: Das sei natürlich. Schon die Evolution lehre das. Auch da habe sich immer der Stärkere durchgesetzt.

Ich werde wütend, wenn ich das höre. Ich bin doch keine Amöbe und auch kein Panther, kein Kapuzineraffe und auch kein Wolf. Es ist dumm, die Biologie heranzuziehen, um ein menschliches Verhalten zu legitimieren. Richtig ist, dass die

Naturwissenschaften vieles erklären können. Aber sie müssen bei ihrem Fach bleiben. Aus der Tatsache nämlich, wie etwas im Reich der Natur ist, darf man keine Moral für die menschliche Gesellschaft ableiten. Da werden Äpfel mit Birnen verglichen. Auch wenn sich in der Evolution immer das Überlebensfähigere durchsetzen mag: Es gehört ebenso zur Natur, dass sie immer wieder Schwache hervorbringt. Manche Lebewesen, die stark sind, brauchen sogar Schwache, um überleben zu können, etwa in symbiotischen Beziehungen. Doch davon einmal ganz abgesehen: Wer wollte denn behaupten, der Mensch sei das Stärkste, was die Natur hervorgebracht hat? Wenn schon stark, dann stark darin, die Natur selbst zu schwächen. Stark vielleicht darin, sich immer perfidere Methoden auszudenken, seinesgleichen zu zerstören, immer mit dem Argument, für eine bessere Zukunft eintreten zu wollen. Das hat niemandem geholfen, der von den Bessere-Welt-Verkündern in den Revolutionen Frankreichs, Russlands oder Chinas ermordet wurde. Im Irak, im Sudan, in Albanien oder im Kosovo ist die Hoffnung auf eine Besserung der Zustände der Ernüchterung gewichen: Auch dort wird nur gefördert, was dem Geldbeutel derer dient, die, so scheint es oft, vor allem die eigene Stärkung durch die Ausweitung von Absatzmärkten im Blick haben.

Das Bessere ist, so gesehen, tatsächlich der Feind des Guten. Der Ruf «Zurück zur Natur!» dient den Heuschrecken, Haifischen, den Bullen und Bären der Börse zur Legitimation ihres blindwütigen Vertrauens auf die starren Gesetze der Mathematik. Es mutet schon bizarr an, die ähnlich wie Tempel gebauten Bankenzentralen zu sehen, in denen der Gott der Moderne angebetet wird: das unendlich, ja ewig wichtige Kapital. Ihm zu dienen, dazu ist jedes Mittel recht. Ihm opfert man. Die Mühsal jahrzehntelanger Überstunden und ständiger Stress bei der Arbeit sind Alltag. Der einzige Trost liegt darin: Später werde ich dann so reich sein, dass ich mir alles leisten kann und nie mehr arbeiten muss.

Wenn wir nicht umdenken, schaffen wir uns noch selbst ab. Sieg den Amöben! So gesehen wird die Behauptung, die Natur habe durch die Evolution, strebend nach immer höherer Vollkommenheit, den Menschen hervorgebracht, durch den Menschen selbst widerlegt. Es bringt doch keiner hervor, was ihn selbst umbringen kann! Die Rede von Natur und Evolution ist in dieser Hinsicht mindestens ebenso mythisch wie die Rede von Gott und Jesus. Von Jesus heißt es ja auch, er sei das Urbild der Menschen; und er wird von denen umgebracht, die eigentlich durch ihn geschaffen wurden.

Was immer die Naturwissenschaften an Erkenntnis erzielen: Es bringt mich zum Staunen. Ich habe in der Oberstufe des Gymnasiums gern den Leistungskurs Biologie belegt. Faszinierend, was wir Menschen alles herausgefunden haben. Vermutlich werden wir damit noch lange nicht an ein Ende kommen. Jede Antwort bringt neue Fragen hervor. Sie öffnen Horizonte, die vorher unbekannt waren. Schon deswegen ist jeder Naturwissenschaftler gut beraten, ganz im Heute zu forschen. Wer schon jetzt weiß, was er im nächsten Jahr entdeckt haben will, setzt sich der Gefahr aus, die wichtigen Details heute zu übersehen, die in eine ganz andere Richtung des Fragens weisen wollen. So hatte der chinesische Wissenschaftler Hwang Woo Suk seinen Erfolg im therapeutischen Klonen nur vorgetäuscht und wurde als Betrüger verurteilt. Sein Fall barg dann noch wie zum Beweis meiner These eine Ironie der Forschungsgeschichte: Vor lauter Ehrgeiz beim Experiment des therapeutischen Klonens haben Hwang und sein Team ihren tatsächlichen wissenschaftlichen Durchbruch schlicht übersehen. Sie entwickelten im Lauf des manipulierten

Versuchs ein Verfahren, mit dessen Hilfe das gesamte Genom einer embryonalen Stammzelle auf bestimmte Muster untersucht werden kann, die dessen Herstellungsprozess verraten. Auf diese Weise gewannen sie erstmals parthenogenetische Stammzellen und hätten es schon mit dieser Entdeckung auf die Titelblätter der *Science* oder *Nature* bringen können. Weil sie aber, um ein vorher festgelegtes «Ergebnis» zu «beweisen», Labordaten manipulierten, Angaben in Forschungsaufsätzen fälschten und fortgesetzt Falschaussagen machten, landeten sie auf der Anklagebank.

Dies ist nicht der einzige Fall, in dem Wissenschaftler, wirtschaftlichen Gesetzen folgend, ihre sogenannten naturwissenschaftlichen Erkenntnisse dem angepasst haben, was Auftraggeber gern hören wollten. Ich bin sicher, dass sie in lichten Momenten vom schlechten Gewissen geplagt wurden. Dem entflohen sie aber mit dem Argument aller Vertröster: Später wirst du dann frei sein. Später kannst du dann der sein, der du gerne wärest.

Die Natur verwehrt uns den Blick in die Zukunft. Selbst der Blick in die Vergangenheit führt ehrliche Forscher ins Gespräch mit der Philosophie. Die großen Naturwissenschaftler kennen ihre Grenzen des Forschens und bekennen sich demütig dazu. Manchem mag das «Ich weiß, dass ich nichts weiß!» zu pessimistisch klingen. Fest steht jedenfalls, dass durch nichts zu beweisen ist, dass der Stein, den ich gleich fallen lassen will, auch wirklich fallen wird. Aus der Forschung, wie etwas ist, und dem Wissen, wie etwas war, können nur Aussagen getroffen werden, wie es vermutlich unter diesen oder jenen Bedingungen kommen wird. Ohne eine Haltung, die im Heute auch Änderungen des für später Vorgestellten erwartet, kann jedoch niemand der Wirklichkeit des Lebens begegnen, welches heute stattfindet und mit einem gewissen Humor die Dinge ganz anders aussehen lassen kann als erwartet.

Zu den Gesetzen der Natur gehören ihre Überraschungen. In der Chaostheorie versuchen Physiker und andere Wissenschaftler zu ergründen, ob sich die Unberechenbarkeit, die zur Architektur des Lebens gehört, eben doch berechnen lässt. Immerhin wird damit anerkannt, dass wir nicht weiter ein starres Naturgesetz annehmen können. Wäre alles nur starr, würde es unter der Sonne nichts wirklich Neues mehr geben. Es scheint auch im Ablauf der Natur sowohl Zustände als auch Momente zu geben, die von einer Freiheit bestimmt sind, die ganz andere Folgen hat, als wir uns ausdenken können.

Ich will mich hier im Klostergarten nicht zu weit aus dem Fenster lehnen. Von hier aus kann ich aber ganz gut erkennen, wie mit den Worten «Natur» und «natürlich» in der Gesellschaft geaast wird. Meistens begegnen sie uns doch auf Lebensmittelverpackungen und in Anzeigen, die Urlaub in einem Wellnesstempel anpreisen. Dort bietet man uns nach allen Regeln der Kunst Natürlichkeit an. Die reicht vom Naturjoghurt über natürliche Geschmacksverstärker bis hin zu Bio-Food und Warmwassertherapien, die unser Wohlbefinden stärken sollen. Wo «natürlich» draufsteht, darf auch beim Preis draufgeschlagen werden. Die Natur ist zu einem Luxusgut geworden. Mit der Aussicht, durch diesen Vitamindrink und jenen Trainingsplan, «der Natur abgelauscht», sich bald schon viel besser zu fühlen, lassen wir uns tief in die Taschen greifen. Wir könnten es preisgünstiger haben. Gratis sogar. Und schon heute. Aber das Naheliegende verführt uns nicht zur Tat. Uns lockt nur das, was außerhalb unserer Reichweite liegt.

Das Kreuz im Klostergarten erinnert an die erste Geschichte der Bibel. Es ist die vom Paradiesbaum. Von diesem alten Baum erzählt die Geschichte von Adam und Eva. Es ist den Menschen verboten gewesen, von ihm zu essen. Sie haben es trotzdem getan, weil die Früchte so schön anzusehen waren. Ihnen stand alles zur Verfügung, um das Jetzt zu genießen. Aber das, was später kommen könnte, ist einfach verlockender. Der Sündenfall der Menschheit beginnt da, wo wir einfach nicht mit dem zufrieden sind, was uns heute im Leben geboten ist. Wir sehen nicht unsere jetzigen Chancen, sondern schielen auf die Möglichkeiten, die wir vielleicht noch haben werden. «Ihr werdet sein wie Gott!», wispert die Schlange Eva zu. Als Prototyp für die Menschen greift sie schließlich zu. Es ist immer der gleiche Fehler: Wir können nicht abwarten, was alles kommen wird, wenn wir 100-prozentig nutzen, was uns jetzt zur Verfügung steht. Es muss alles sofort passieren. Auch wenn es nur zu dem Preis möglich ist, dass Forschungsergebnisse gefälscht oder Vitamine in Überdosis im Namen der Gesundheit geschluckt werden müssen.

Das Kreuz im Klostergarten erinnert daran, dass es tödlich enden kann, was Menschen anfangen, um sich selbst und, noch schlimmer, andere auf eine bessere Welt jenseits vom Heute vorzubereiten. Das Kreuz weist auf die Alternative hin: die Schöpfung und unsere Möglichkeiten heute mit dem Grundvertrauen ernst zu nehmen, dass sich darin alles finden lässt, was wir zum Leben brauchen. «Vater, in deine Hände lege ich mein Leben!», betet der sterbende Jesus (Lk 23,46). Er sagt nicht: «Und tschüs. Bis gleich!» Bis dorthin, wo alles besser wird. Wir Kapuziner schauen auf das Kreuz und lernen mit Franziskus, unserem Ordensgründer, in den Widrigkeiten des Heute nicht das Morgen herbeizuzwingen. Wir halten es für natürlich, dass alles seine Grenzen hat. Wir können das, weil wir glauben, dass Gott uns in den Grenzen unseres Lebens heute von seiner Fülle etwas mitteilt.

Im Garten hier komme ich nicht umhin, auf die Lust hinzuweisen, die wir haben, dem Schöpfer zu zeigen, was wir aus seiner Schöpfung machen können. Natürlich ist ein Klostergarten eine Oase. Wenigstens hier gibt es Zeit und Muße, zu betrachten, was uns ohne unser Zutun einfach aus der Erde entgegenwächst. Sie könnten auch in Ihrem Alltag damit beginnen, dem mit Respekt zu begegnen, was Ihnen zum Leben zur Verfügung gestellt wird. Die Blumen in Ihrer Wohnung blühen nur für Sie. Dann sollten Sie ihnen auch Pflege zukommen lassen. Das Gemüse auf dem Markt lädt Sie ein, davon Speisen zu bereiten, die Ihnen die Kraft aus der Erde und die Energie der Sonne schenken. Selbst die Luft, die Sie atmen, können Sie aufnehmen als ein Geschenk, das Sie mit so viel Sauerstoff versorgt, wie Sie jetzt gerade brauchen. Ob Wissenschaft oder Alltagsgeschäft – es kommt darauf an, sich mit Lust von der Ordnung anleiten zu lassen, die in den Dingen ist.

Wer wie Eva ständig denkt, es wäre doch so schön, wenn man auch das noch könnte, was man nun eben nicht kann, vertreibt sich selbst aus dem Paradies eines zufriedenen Lebens. Wer in der Ordnung der Schöpfung lebt, ist offen für die Überraschungen, die das Leben zu bieten hat. Und mit dem wir heute schon anfangen können.

12. Die Waschküche

«Was soll ich nur anziehen?»
Oder: Freiheit und Persönlichkeit sind nicht käuflich

Ein Kapuziner fällt schon durch sein Ordenskleid auf. Wir nennen es Habit. Das Wort leitet sich vom lateinischen «habitare» ab, zu Deutsch: wohnen. Wer das Leben in unserem Orden beginnt, wird damit eingekleidet. Die Form des Habits: ein Kreuz. Das lange Gewand, dann die Arme daran und noch die spitze Kapuze. Diese Grundform hat Franziskus von Assisi entworfen. Als Sohn eines Tuchhändlers hatte er vor seiner Bekehrung die Welt der Stoffe und den Wunsch der Menschen nach der neuesten Mode kennengelernt. Sein neues Leben sollte davon frei sein. Er wollte wörtlich eine Botschaft Jesu leben, die ihn am 24. Februar 1206 erreichte – und auch mit Kleidung zu tun hatte.

Nach einer langen Zeit innerer Unruhe war er an diesem Tag eher zufällig in eine kleine Kirche am Fuß der Stadt Assisi geraten. Dort las ein Priester in jenem Moment aus dem Evangelium vor, was Jesus seinen Jüngern riet, als er sie aussandte, das Reich Gottes zu verkünden: «Nehmt keine Vorratstasche mit auf den Weg, kein zweites Hemd, keine Schuhe, keinen Wanderstab; denn wer arbeitet, hat ein Recht auf seinen Unterhalt» (Mt 10,10). Bei Franziskus schlug dieses Wort wie ein Blitz ein. Ihm war, als habe er genau darauf gewartet. Er warf seine eigenen edlen Kleidungsstücke weg. Dafür schneiderte er sich nach dem Vorbild der Alltagskleidung der einfachen Leute seiner Zeit ein schlichtes Gewand, wie es im Mittelalter für Männer üblich war. Er nahm bewusst einen sehr groben Stoff. Nichts sollte ihn dazu verführen, sich darin allzu wohl zu fühlen. Mit seiner grauen Kutte stellte er sich freiwillig auf eine Stufe mit den Tagelöhnern. Er wollte sich nicht mehr leisten können, als der Tag hergab. Damit landete er am untersten Rand der damaligen Gesellschaft. Das war weniger ein geplantes Ziel als eher die Folge einer klaren religiösen Einsicht: Gott schämt sich nicht, ganz unten zu sein. Er will bei denen gesucht und gefunden werden, die gern von der Gesellschaft übersehen werden. Damit wendet Gott für alle, die ihn gern oben im Himmel suchen, die Blickrichtung. In dem einfachen Kleid, das von einem groben Strick zusammengehalten wurde, wollte Franziskus der Nähe Gottes zu den Armen selbst möglichst nahekommen. Und damit auch den Armen selbst.

Schon für die ersten Ordensbrüder war ein solch einfaches Gewand charakteristisch. Mit der Zeit ist daraus ein relativ schönes Kleidungsstück geworden. Aber nicht alle Brüder tragen es noch regelmäßig. Es ist nicht Pflicht. Praktisch ist es allemal: Die Frage, was ich anziehen soll, entfällt.

Ich kenne den Stress nicht, den das Anziehen manchen Leuten macht. Sie wollen ja mit der Mode gehen, und die hat ja bekanntlich ihren Preis. Nur weiß keiner so recht, wer den bestimmt. In der Qualität der Stoffe gibt es sicher Unterschiede, aber darauf kommt es oft gar nicht an. Wichtiger ist, sich mit Namen zu bekleiden, die etwas bedeuten. Was genau, ist egal. Wichtiger ist, wem die etwas bedeuten. Man fühlt sich eben ganz anders, wenn man etwas von X oder von Y trägt. Man nimmt teil an einer Marken-Community, die religionsähnliche Strukturen hat. Mit Werbung in Zeitschriften, Internetauftritt und Special Events wird eine eigene Markenpersönlichkeit geschaffen, die sich die Kunden kaufen sollen. Man winkt ihnen mit Stichwörtern wie Individualität oder Unabhängigkeit. Auch hier gilt: Wovon viel gesprochen wird, ist am wenigsten vorhanden. Kein Wunder, denn die Bekleidungsindustrie produziert ein Drittel zu viel für den Markt. In solchem Überangebot muss man seine Kunden schon mit anderen Sachen locken als mit dem, wozu Kleidung eigentlich dient: dem Menschen etwas zum Anziehen, zum Schutz vor den Wettereinflüssen zu geben.

Das darf auch schön sein. Seitdem auch wir Kapuziner nicht mehr nur den Habit anziehen, entwickelt sich da auch unter uns so manche Diskussion. Wie viel muss man sich leisten? Wie viel darf man sich leisten? Dem einen ist es wichtig, dass alles zusammenpasst. Der bekommt dann schon mal den Vorwurf zu hören, er putze sich zu fein heraus. Dem anderen ist es ziemlich gleichgültig – mit recht unansehnlichem Ergebnis. Ich halte es lieber mit denen, die keine große Wahl haben. Einfach und zweckmäßig muss es sein. Mir gefällt auch der Gedanke, über das gewohnte Gewand hinaus Kleidung mit einem Signet des Ordens zu gestalten. Denn eins ist klar: Was ich anziehe, sendet ein Signal aus. Auch mir ist das Signal wichtig: Ich gehöre zu einer Gemeinschaft. Ich habe etwas mit Gott zu tun. Manche belächeln mich oder machen Witze. Für andere ist es ein guter Einstieg in ein Gespräch, wenn sie mich damit auf der Straße antreffen oder in der Bahn.

Das Gewand, das alle tragen, lässt sofort an Gleichschaltung denken. Meistens drehen sich die ersten Fragen auch um das Leben im Kloster und wie man es schafft, sich dort in allen Forderungen der Gemeinschaft zu unterwerfen. Und genau das tun wir eben nicht. Wer im Orden lebt, hat für sich eine Entdeckung gemacht: Jeder ist eine Person mit vielfältigen Neigungen und

Fähigkeiten. Der Mitmensch ist es also ebenso. Damit wir für diese innere Farben- und Formenfülle frei werden, ziehen wir gern das Ordenskleid an. Die Brüder im Kloster tragen es in der Liturgie ebenso wie beim Essen. Es macht uns bewusst, dass keiner besser ist als der andere. Wir sind alle gleich vor Gott. Wir hüten sorgfältig, was er uns gegeben hat. Dieses ist im Innern eines jeden und muss nicht durch individuelle Kleidung zum Ausdruck gebracht werden. Darin steckt für mich auch der Grund, warum ich nicht immer das Ordensgewand anziehe, wenn ich unterwegs bin: Dann würde ich mich ja ständig von anderen abheben. Aber genau das brauche ich nicht. Ich muss mich nicht besonders anziehen, um zu spüren, dass ich jemand Besonderes bin. Kleider machen keine Leute. Ich kann sein, was ich bin, weil Gott ein Auge auf mich geworfen hat. Das macht mich stark im Augenblick. «Der Herr lass sein Angesicht über dich leuchten und sei dir gnädig!» (Num 6,25), heißt es in der Bibel.

Das sind mehr als nur fromme Worte. Sie geben eine menschliche Grunderfahrung wieder. Wenn Eltern sich den Kindern zuneigen, zeigen sie ihnen ihr Angesicht. Im liebevollen Leuchten der Augen von Mutter und Vater kann das Kind Grundvertrauen entwickeln. Je beständiger diese Zuneigung ist, desto fester wird das Grundgerüst, auf dem sich dann ein Individuum so oder so entfalten kann. Die persönliche Fürsorge der Eltern um ihre Kinder lässt sich nicht delegieren. Kinder wollen wissen: Bin ich wichtig für Mama? Für Papa? Oder bin ich es nicht? Die Antwort darauf geben nicht ein aufwendig dekoriertes Kinderzimmer, Designerschühchen oder -pullöverchen. Die Antwort auf die Frage, ob die Sorge der Eltern sie einhüllt wie in einen Mantel, entnehmen die Kinder der Zeit und der Konzentration, mit denen Papa und Mama da sind. Inwiefern sie sich ihre Zeit bestimmen lassen vom Vermögen der

Kleinen – in der wahrsten Bedeutung des Worts. Denn heute sind Kinder so, und morgen sind sie schon ganz anders. All das sind Schritte zu einer eigenständigen Persönlichkeit. Sie kann sich nur entwickeln, wenn sie Tag für Tag die erforderliche Zuwendung erhält. Kinder können nicht zu freien Menschen heranwachsen, wenn ihre Eltern mehr im Morgen als im Heute leben. Kinder brauchen die Erfahrung, dass sie angenommen werden als Geschenk für die Welt – für die kleine Welt der Eltern und für die große Welt, zu der wir alle gehören.

Geschenke wollen aber empfangen werden. Dafür braucht es eine besondere Kultur. Eine Kultur des Staunens. Eine Kultur, die damit rechnet, dass Unvorhergesehenes geschehen kann. Eine Kultur, die uns heute weiter voranbringt, als wir uns das für morgen vorgestellt haben.

Deutschland braucht eine Kultur der Freiheit. Wir haben den Glauben an Gott abgeworfen wie ein überflüssiges Kleid, ganz nach dem Motto: «Gott, du störst.» Wir sagen uns jetzt selbst, was wir sind und was wir zu tun haben. Die schlimmste Folge davon ist der Satz: «Kind, du störst!» Mir scheint: Nie war das Klima für Kinder so schlimm wie heutzutage. Wir haben vielfach den Glauben an unsere Kinder aufgegeben. Wir leben in dem Wahn, wir könnten uns die Zukunft selbst erhalten. Und uns dazu!

Gott macht es nichts aus, wenn sich die Menschen nicht mehr mit ihm umgeben wollen. Dass Gott in seinem Wert geschmäht wird, hält er aus – und seine Strafe wird hoffentlich gnädig ausfallen. Aber dass wir uns nicht mehr mit Kindern umgeben wollen, fällt auf ebendiese zurück. Sie spüren sehr deutlich, dass sie zum Vorzeigen geboren wurden, nicht behindert sein dürfen und natürlich fähig für Juniorgolf und den dreisprachigen Kindergarten sein müssen. Damit sie später im

Leben zurechtkommen, heißt das Argument der treusorgenden Eltern, die sich vor allem nur um eins sorgen: dass sich die Kinder ihnen anpassen und dass sie sich um der Kinder willen nicht zu sehr umstellen müssen.

Wir ziehen uns die Monster selbst heran, die uns später dann in den Schlagzeilen begegnen. Damit mich keiner falsch versteht: Die Eltern führen nur aus und bringen es den Kindern damit bei. Es sind die Eltern, die wir, die Gesellschaft, hervorbringen. Sie lernen von uns, dass man alles – und seien es die eigenen Kinder – stehen- und liegenlassen muss, wenn es woanders schöner, besser und bequemer ist. Man muss ja schließlich mit der Mode gehen und den Anschluss behalten. Wer aber kümmert sich um die Kinder, die animiert werden in Spielparks und Kids-Clubs auf Teneriffa, aber noch nie zwei Stunden lang in Ruhe mit den eigenen Eltern gespielt haben?

Entgeistert werden junge Paare angeschaut, die mit 23 Jahren Eltern von zwei Kindern sind. Ich kenne einen Hotelier, der mit 24 Jahren Vater von vier Kindern ist und nun auswandert: Er und seine Frau haben es satt, für gestört gehalten zu werden. Eine Praktikantin, nach ihren Träumen gefragt, erntet Spott, als sie sagt: «Mein Freund und ich, wir kennen uns seit zwei Jahren. Wir werden jetzt heiraten, und wir würden uns freuen, wenn wir Eltern von vier Kindern werden könnten.»

Wer so redet, weckt die Schlafenden auf, die sich vertröstet haben auf ein Leben, das vielleicht morgen anfängt. Deutschland braucht junge Menschen, die nicht abwarten, bis sie selbst die Vergangenheit von dem sind, was sie heute Zukunft nennen. Insgeheim träumen wir ja immer noch davon, dass es so etwas geben könnte: ein Leben, in dem es egal ist, ob man nach der Mode gekleidet ist. Mode steht dabei für eine Lebenshaltung. Wir träumen von einem Leben, in dem man ein Gewand trägt, das von vornherein klarmacht: Lass mich doch einfach heute leben. Mit aller Kraft. Und ohne krankhaftes Sorgen und Sichern im Namen einer Zukunft, die sowieso ganz anders wird. «Da sprach Gott zu ihm: du Narr! Noch in dieser Nacht wird man dein Leben von dir zurückfordern. Wem wird dann all das gehören, was du angehäuft hast?» (Lk 12,20)

Solche und andere Sätze des Evangeliums sind stärker als alle Zaubermäntel. Wer die Sorge um das eigene Leben klug auch mit Gott teilt, wird achtsam für sein Leben und die Mitmenschen. Dem ist es egal, was er anzuziehen hat. Wie er aussieht. Wohin man gerade springen soll. Der hat einen Ruhepunkt und einen Reflexionspunkt, denn er genießt Gottes Achtsamkeit für sich. Der wird achtsam für die anderen. Der findet Gründe für den Einsatz im Heute, die nicht der eigenen Zukunft dienen, sondern der Gegenwart der Zeitgenossen. Schon aus diesem Grund sollte Deutschland alles dafür tun, dass der Jugend flächendeckend Religionsunterricht erteilt wird. Bevor der Geist auf den Kopf gestellt wird, muss er erst einmal da sein – um Marx zu zitieren, der meinte, er habe die Philosophie Hegels auf den Kopf gestellt.

Gott ist nicht eine Art Fellkleid aus einer früheren Stufe des Menschseins. Ich habe erfahren, wie anziehend er ist, und das in der doppelten Bedeutung des Worts: Wer sich von Gott umhüllt weiß, kann nicht mehr beschämt werden, er ist immer gut angezogen. Und: Wer von Gott umhüllt wird, wird wie magisch von ihm angezogen in den Dingen, die sich im Leben heute ereignen.

Märchen und Fantasyfilme drehen sich oft um das richtige Gewand, den Zauberumhang oder auch nur die passenden Schuhe. Sie sollen Schutz und übernatürliche Kraft verleihen. Solche Phantasien entspringen ja nicht dem Nichts; sie umschreiben die Urwahrheit, dass uns Menschen eine Kraft umhüllt, die uns gegen die Mode aufstehen lassen kann, auch gegen scheinbar noch so widerwärtige Mächte. Wir sind unbesiegbar, wenn wir wissen, was uns kleidet: die Sorge Gottes um uns. Nicht umsonst haben die Christen in Rom den Herrscher zur Weißglut gebracht, der sich «unbesiegbarer Sonnengott» nannte. An seinem Staatsfeiertag wollten sie lieber einer anderen Art von Unbesiegbarkeit huldigen und feierten die Geburt Jesu.

Die Jünger Jesu haben durch Jesus eine einzigartige Kraft erfahren, die ihnen nicht wirklich fremd vorkam. Jesus lebte aus, was in jedem Menschen steckt. Das muss so unmittelbar erfahrbar gewesen sein, dass häufig das Wort «euthys» im griechischen Text des Evangeliums steht: sofort. Man könnte auch sagen: heute. Sofort, so heißt es in den Berufungsgeschichten, ließen Männer und Frauen alles liegen. So sehr waren sie von Jesus für die Gegenwart befreit worden.

Jesus war mit Gottes Kraft ein Mensch, wie ein Mensch sein soll. Die Christen sagen: Er war *der* Mensch. Er hing nicht übergeordneten Gedanken nach, um dann die Mitmenschen daran auszurichten. Er ließ sich nicht als Anführer gesellschaftlicher Utopien missbrauchen. Er schritt durch Menschenmengen, die auf ihn wütend waren; er entzog sich aber auch enthusiastischem Jubel. Selbst im Spottumhang vor seinen Henkern wurde er als König wahrgenommen, den etwas anzieht – in der doppelten Bedeutung des Worts –, was ihm keine Geißelung und kein Bespucktwerden entreißen kann. Das lässt ihn alles mit einer Würde tragen, die ihn unangreifbar macht.

Diese Autorität braucht kein Zepter und keine Krone. Sie ist hellwach für die Wahrheit des Augenblicks. Sie lebt von dem Glauben, dass die eigene Würde, von Gott geschenkt, so oder so mithilft, zur Wahrheit vorzudringen. Jesus antwortet auf die

Frage des ängstlichen Pilatus, ob er der König der Juden sei: «Du sagst es, ich bin ein König. Ich bin dazu geboren und dazu in die Welt gekommen, dass ich für die Wahrheit Zeugnis ablege» (Joh 18,37). Kurz danach legen ihm Soldaten zum Spott einen purpurnen Mantel um und setzen ihm eine Dornenkrone auf, grüßen ihn hämisch als König der Juden und bespucken ihn. Sie bleiben namenlos. Doch kein anderer Name wird so oft auf der Erde genannt wie der Name Jesus. Das christliche Abendland hat seine Wurzeln in dieser Erscheinung des Gottessohns auf Erden: Und wenn wir tausendmal die vergangenen Jahrhunderte aufgrund dessen kritisieren müssen, was sie daraus gemacht haben – Jesus ist so original und lebendig von Gott, dass er heute noch frisch aus allen Gräbern aufersteht, die man ihm graben will.

Ein agiler Professor für Design sagte mir im Brustton der Überzeugung, dass das doch alles Quatsch sei, das mit dem Glauben. Er sei mit seiner Frau letztens noch in einer Kunstbuchhandlung gewesen und habe ihr mit Blick auf die dort angebotenen Kreuze gesagt: «Guck mal, das hängen sich Leute heute noch in die Wohnung.» Als ich ihm entgegnete, er habe eben nur keine Ahnung von dem, was sich dahinter verberge, verband ich das mit der Einladung in einen Glaubenskurs. In dessen Verlauf wurde er – warum gerade er und manche andere in dem Kurs nicht, bleibt wie immer Gottes Geheimnis – von Gott so berührt, dass ihm klar wurde, was wirklich Sache ist in allen Dingen dieser Welt.

Das Christentum beginnt mit den ersten Christen, die sich taufen ließen. Sie glaubten, dass Gott diesen Jesus nicht hat untergehen lassen. Ihr Bekenntnis: «Er ist auferstanden!», eröffnete ihnen die Möglichkeit, die Lebensauffassung und den Lebenswillen Jesu ins eigene Leben übernehmen zu können: «Denn ihr alle, die ihr auf Christus getauft seid, habt Christus als Gewand angelegt» (Gal 3,27). Werdet zur Persönlichkeit, die sicher ist in Gott. Und damit frei, alles für die Welt zu geben. Wenn Gott schon da ist, so lautet die Einstellung der Gläubigen, brauche ich nicht mehr zu warten. Das Leben fängt heute an.

13. Das Bad

«Ich kann mit mir machen, was ich will.» Oder: Die neue Körperfeindlichkeit

Im Klausurbereich über uns sind die Bäder für die Gemeinschaft. Die Zellen der Brüder haben höchstens ein Waschbecken. Dusche und Badewanne sind nicht auf den Zimmern. Das war früher normal. Da war es ja schon ein Luxus, wenn es überhaupt Wasser im Haus gab. Heute tut sich mancher Kapuziner schwer damit, keine eigene Nasszelle zu haben. Ich nehme das eher locker. Es ist eine kleine Erfahrung von einfachem Leben. Wir begegnen einander auf dem Weg zum Waschraum. Der eine muss die Dusche für den anderen frei machen. Man kann sie nicht benutzen, wann man will. Kurz: Auch hier muss man Rücksicht nehmen.

Das ist mitunter nicht so leicht. Die Brüderlichkeit, so meinte ein erfahrener Novizenmeister einmal, hört mit der Art und Weise auf, wie jemand seine Zahnpastatube ausdrückt und wie er sie im Waschraum zurücklässt. So ganz unrecht hat er damit nicht. Der eine legt sie so hin, der andere stellt sie ins Glas. Und das geht weiter beim Duschgel: Eine ganze Batterie von verschiedenen Flaschen ist aufgestellt. Auch hier sind die Geschmäcker sehr verschieden. Jeder kommt mit seiner eigenen Geschichte zu uns. Jeder hat eine eigene Tradition entwickelt. Nicht nur bei der Morgen- oder Abendtoilette. Wer in jungen Jahren in den Orden eintritt, kann sich noch einfacher an die Gemeinschaft anpassen. Je älter jedoch derjenige ist, der zu uns kommt, desto schwerer fällt es ihm, sich unterzuordnen. Die eigene Nasszelle ist da oft die einzige Rettung: Da kann ich machen, was ich will.

Und überhaupt: Wie ich meinen Körper pflege, geht schon gar niemanden etwas an. Höchstens meinen Arzt, Apotheker, Fitnesstrainer, Bodybuilder, Rückenschuler, Wellnessberater, Ernährungsexperten und Ayurvedamasseur und jeden, dem ich es in den Weblog schreibe. Wer da alles antritt, um meinem Körper mehr Wohlbefinden zu verschaffen, das ist schon enorm. Zeitschriften sind mittlerweile Anleitungen, die einem sagen, wie es einem bald wieder bessergehen könne. Deutschland scheint ein Land von Körperpflege-Analphabeten geworden zu sein. Anders kann ich mir die Lawine von Ratgebern nicht erklären, die den Aufbau von Muskeln und das Zusammenspiel der Stoffwechselvorgänge oder die Wirkung von Vitaminen und den Brennwert von Kohlehydraten erläutern. In immer neuen Wendungen lassen wir uns darlegen, wie wir besser werden können. Dünner. Oder dicker. Athletischer. Oder ausgewogener ernährt und ausreichend bewegt. Wie wir drei Kilo in 30 Tagen abnehmen. Es gibt Ratgeber für kräftigeres Haar und für eine Haut, die frei von Mitessern ist. Alles im schönsten Superlativ. Es werden Ziele gesteckt, von deren Existenz wir vorher noch gar nichts wussten. Uns wird gesagt, wir könnten früher sterben, wenn wir uns nicht genügend um unseren Körper kümmerten. Das kann schon sein. Aber wer gesund lebt, der stirbt gesünder. Dem Tod ist herzlich egal, wie wir uns abgemüht haben. Er kommt, wann er will. Vielleicht schon heute.

Das wollen wir natürlich vergessen. My body is my castle. Ich werde schon überleben. Der Glaube an die gesunde Wunderwelt nimmt groteske Züge an. Die mit Bildbearbeitungsprogrammen geschönten Abbildungen von unnatürlichen Körpern in den entsprechenden Magazinen heizen die Stimmung an. Keiner weiß zwar, warum er so aussehen soll, aber alle sind sich einig: So muss es werden mit uns. Mit mir.

Doch leider kann man nicht aus seiner Haut. Um der Wirklichkeit der eigenen Körperlichkeit entfliehen zu können, muss schon mal der Griff zu härteren Mitteln sein. Viele Besucher von Fitnessstudios nehmen stimulierende Drogen. Die neue Maxime lautet: fit aussehen ja, gesund leben nein. Die zweifelhafte Kraft spendenden Anabolika sind da noch harmlos. Die Fit-und-Fun-Freunde genehmigen sich auch Mittel wie Cannabis, Kokain und Ephedrin. Ärzte schlagen Alarm. Die Deutsche Gesellschaft für Sportmedizin und Prävention in Hamburg berichtet, dass fast ein Drittel der von ihnen befragten Besucher eines Fitnessstudios schon einmal Substanzen eingenommen hat, die auf der Verbotsliste der Welt-Anti-Doping-Agentur stehen. Mehr Männer, aber auch Frauen greifen zu gesundheitsschädlichen muskelaufbauenden Mitteln, manche sogar zu anabolen androgenen Steroiden, also verbotenen Anabolika. Nur wofür, darüber rätselt man noch.

Vielleicht deshalb: «In einem gesunden Körper wohnt ein gesunder Geist.» Leider wird diese Formel immer falsch zitiert. Der römische Dichter Juvenal kam vielmehr in seiner zehnten Satire zu einem bemerkenswerten Schluss, der mit besagtem Zitat endet. Zunächst schreibt er, dass es sich nicht lohne, um Geld, Ruhm oder ein langes Leben zu beten. Und dann meint er, das Einzige, was man von den Göttern erbitten solle, sei, dass «in einem gesunden Körper ein gesunder Geist wohne». Das Zitat hat keinen Bezug zum Thema Sport. Turnvater Jahn hat es aus dem Zusammenhang gerissen. Es fordert nicht zum Sport auf: Damit der Geist gesund bleibt, treibe man Sport. Und es kritisiert auch nicht übertriebenen sportlichen Ehrgeiz: Ein gesunder Körper weist auf einen gesunden Geist hin. Stattdessen formulierte der römische Denker brillant, dass Gesundheit und Geist Grundlagen des menschlichen Lebens seien, die eher auf das Heute verweisen als auf das Morgen. Sie sind ein Geschenk, das wir nutzen können. Im Rahmen der gegebenen Möglichkeiten.

Da stoßen wir an Grenzen. Das ist normal. Das gehört zum Menschsein. Wenn wir diese Grenzen nicht akzeptieren, fallen wir auf die Vertröstungen auf den besseren, leichteren oder gesünderen Körper herein. Den werden wir angeblich haben, wenn wir uns auf die Angebote der Körperquäler einlassen. Sie verstehen das Gesundheits- und Wellness-Handwerk, sodass es uns den Schmerz heute ertragen lässt – mit dem Hinweis auf ein Morgen, wenn aller Schweiß belohnt werden soll. Einwände der Vernunft, das alles müsse doch ein Ziel haben, welches mit dem Wesen des Menschen in Einklang stehe, werden abgetan mit dem Killersatz: «Ich kann mit mir machen, was ich will.» Auch dann, wenn du dich dabei zugrunde richtest? Längst ist nicht alles ethisch vertretbar, was man kann. Der Körper rächt sich, wenn wir ihn irgendwie dahin verbiegen wollen, wie er einfach nicht sein kann. Und nicht sein will.

Besser lebt es sich, wenn wir uns so annehmen, wie wir geschaffen sind. Der Mensch ist nicht nur ein Geisteswesen. Er ist in seinen Leib hineingeboren worden. Wir dürfen unseren Körper nicht für Ziele missbrauchen, die unserem Geist zuwiderlaufen. Wir sind unser Leib. In ihm drückt sich unser Personsein aus. Und keiner hat das Recht, der Person vorzuschreiben, wie dieser Körper zu sein hat. Im Licht dieser Wahrheit sind alle Ausmalungen eines Himmels mit Idealgewicht und Waschbrettbauch Anleitungen zur Verbiegung der eigenen Persönlichkeit.

Unser Ordensgründer hat sich am Ende seines Lebens bei seinem Leib entschuldigt. Er hatte ihn zeit seines Lebens im Orden kasteit, um, wie er mit seinen Zeitgenossen dachte, der Seele besseren Spielraum zu geben. Er geißelte seinen Körper. Er aß zu wenig. Er trank kaum. Mit dieser Art von Selbstquälerei sollte der Körper gefügig gemacht werden, sodass er die Seele nicht störe, die den Menschen für das Jenseits vorzubereiten hatte. Mit der Züchtigung des Körpers sollte hier schon der Schmerz abgebüßt werden, der die Seele im Jenseits als Strafe erwartete. Die Schönheit des Himmels war Aussicht genug, sich hier und jetzt einzuschränken. Aber wie gesagt, Franziskus hat sich bei seinem Körper entschuldigt …

Die Folterinstrumente der Gesundheitsindustrie stehen in ihrer Brutalität den Geißeln des Mittelalters in nichts nach. Nur geht es heute nicht um das Ziel, Sünden zu verbüßen, um bei Gott Vollendung zu erlangen. Eher möchte man die Strafe gesellschaftlicher Ächtung vermeiden, die, so stellt man sich vor, die Folge eines Doppelkinns, einer Glatze oder eines Hängebauchs sei. Und man möchte vor allem der höchsten Strafe entgehen, die das Leben kennt: dem Tod. Dann straft man sich doch lieber mit einer monatlichen Ablassgebühr fürs Fitnessstudio von fast 100 Euro, um sich einreden zu können, man habe immerhin den guten Willen zur Besserung gehabt. Ich kenne viele Leute, die nur ihren Beitritt bezahlen, aber nie trainieren gehen. Ist ja auch egal. Der Tod kommt immer. Und er kommt immer zu früh.

Die Verachtung des Körpers im Namen einer Vertröstung auf die späteren besseren Phasen mit höheren Leistungen und einer grenzenlosen Anerkennung führt uns geradewegs in die grauenvolle Dopingwelt. Der Berufsradsport kommt nicht mehr aus den Schlagzeilen. Besonders diese Sportart scheint ihre Seele der Manipulation verkauft zu haben und kommt nun nicht mehr davon los. Die Spitzenleute im Peloton sind davon überzeugt, dass sie ihren Sport nicht ohne verbotene Mittel ausüben können. Und sie fühlen sich dabei unschuldig. Ich kann es sogar ein bisschen verstehen. Denn die Zuschauer wollen Rekorde sehen. Dafür müssen Opfer gebracht werden. So enden die Profis, von der Welt nicht verstanden, als einsame Extremsportler auf dem Scheiterhaufen einer Industrie, in der Trikotwerbung mehr zählt als der Körper, der sie trägt.

Das alles ist, so widerlich es klingen mag, noch harmlos. Noch schlimmer ist es, wenn sich die Körperhasser auf die Operationstische legen. Jetzt treten die Chirurgen auf den Plan, die aus kurzen Nasen längere machen, aus flachen Brüsten prallere und aus prallen Brüsten flachere. Ich gebe zu, dass ich als Mann da vielleicht nicht das richtige Urteil fällen kann: Aber was soll ich einer Frau sagen, deren einziges Problem es ist, dass ihr Busen zu klein ist? Ich muss wohl ziemlich entgeistert geschaut haben, weil sie schnell hinterherschob: «Sie finden wohl, dass dieses Problem lächerlich ist im Vergleich zu all den anderen Sorgen, die Menschen Ihnen anvertrauen?» Nun, ich bin nicht dafür da, anderen zu sagen, ihr Problem sei klein, wenn sie selbst es für groß halten. Unser Gespräch ging aber schon sehr bald dahin, dass ich sie entdecken lassen konnte, wer es geschafft hatte, ihr das Gefühl für den eigenen Körper madig zu machen.

Die Botschafter für unser Leben sitzen nicht in den Modelshows. Die Ratschläge der Illustrierten sind eher Schläge als Rat, wenn sie immer neue Idealmaße für jeden einzelnen Körperteil in die Debatte werfen. Das sind die neuen Dämonen, die einen von überall her anspringen aus einer Welt, die es gar nicht gibt. Dahinter steckt die Sehnsucht nach der Möglichkeit, andere Menschen zu zwingen, uns attraktiv zu finden. Oder gar zu lieben.

Alles Äußerliche aber ist nur eine individuelle Geschmacksfrage. Trotzdem werfen wir uns ins Getümmel derer, die an jedem und an allem etwas auszusetzen haben und ihre eigene Vorstellung über alle anderen erheben. Und dann geht es los: Ein Mann, der auf zierliche Frauen steht, wird für pubertierend gehalten. Frauen nennen die schlanken Geschlechtsgenossinnen spindeldürr. Von einem Mann, der kräftige Frauen mag, sagt man, er bekäme sowieso keine andere ab. Frauen nennen runde Frauen ekelhaft fett.

Eine Bloggerin in einem der zahlreichen Bin-ich-schon-so-wie-ich-sein-soll-Foren bringt es auf den Punkt: «Ich finde diese ewigen Diskussionen nur noch zum Kotzen. … das Schlimmste ist, wie sich schlanke und kräftige Frauen hier gleichzeitig bekriegen (ich erinnere mich an einen Beitrag, der von Urbia nach zirka 140 Antworten geschlossen wurde, weil er nicht mehr zu ertragen war). Ich kapier' das nicht, gibt es nicht diesen gesunden Mittelweg, einfach mal mit sich zufrieden zu sein, wenn wirklich alles okay ist?»

Bis dahin dauert es wohl noch eine Weile. Jenseits des eigenen Körpers ist es immer am schönsten. Die Verweigerung der Liebe zu sich selbst hat ein erschreckendes Ausmaß angenommen. Sie korrespondiert mit der Verweigerung der Liebe zum anderen. Solange ich ein Maß von Zentimetern oder Gramm über mich herrschen lasse, bin ich noch ein Gefangener der Zahlen. Sie faszinieren mich mit der Verheißung, ich könne einen Glückszustand erreichen, in dem diese Zahlen dem angeblichen Ideal entsprechen. Doch genau darin liegt der Denkfehler. Wer sagt denn, dass diese Zahlen für mich richtig sind? Wem glaube ich da, dass er mich unzufrieden machen darf? Sind Menschen Maschinen? Körpermaschinen? Der ganze Ramsch an Ernährungszusätzen und Diätmahlzeiten ist nachgewiesenermaßen wirkungslos. Und trotzdem ist das ein Wachstumsmarkt, der den Menschen das Geld aus der Tasche zieht, und das regelmäßig. Wenn es nicht gleich hilft, vertröstet man sich mit der Acht-Wochen-Frist. Ist die vorbei, hat man schon längst vergessen, was man da erreicht haben wollte. Und dann fängt man wieder von vorn an. So bleibt man als Kunde erhalten und zahlt weiter für einen Traum, anstatt heute zu leben mit dem, was einem von Gott geschenkt ist.

Der Weg aus dem Hass auf den Körper fängt mit der Akzeptanz der eigenen Person an. Man kann es drehen und wenden, wie man will: Man kann sich diese Liebe nicht selbst geben. Man kann sie aber auch nicht erzwingen durch ein gutes Aussehen. Der Körper allein ist langweilig, wenn er nicht wahrgenommen wird als Ausdruck einer Person, die sich dahinter verbirgt. Nicht umsonst kommt Franziskus von Assisi in seiner Ordensregel im Zusammenhang mit Körper und Krankheit auf die mütterliche Dimension des Miteinanders der Brüder zu sprechen: Und vertrauensvoll soll einer dem anderen seine Not offenbaren; denn wenn schon eine Mutter ihren leiblichen Sohn nährt und liebt (vgl. 1 Thess 2,7), um wie viel sorgfältiger muss einer seinen geistlichen Bruder lieben und nähren?

Franziskus greift hier also ein Wort des Apostels Paulus auf, der sich als Mutter bezeichnet, weil er die Gemeinde durch sein Wirken zur Welt gebracht hat und sie mit seiner Predigt nährt. Franziskus sieht das grundsätzlicher: Die Brüder sollen einander Mutter sein, auch im Hinblick auf die seelischen Sorgen. Sie sollen sich klar darüber werden, dass der Mitmensch nicht einfach nach seinem Aussehen begutachtet werden darf. Es geht um die Entdeckung des anderen als Geistesverwandter, oder noch intensiver: als Gottesverwandter. Die Beziehung der Menschen untereinander soll nicht davon bestimmt sein, wen man schön findet und wen nicht. Es geht vielmehr um die Entdeckung des

Mitmenschen als Bruder, der, wie man selbst, mit Körper, Seele und Geist aus dem Reichtum Gottes kommt. Die Manipulation des Körpers ist Aufstand gegen den Schöpfer. Andere dahin zu treiben, sich einer Schönheitsnorm zu unterwerfen, ist nichts anderes als Blasphemie.

Zu einem noch grauenvolleren Thema stellen islamische Gelehrte in einem rechtsgültigen Beschluss ein für alle Mal fest: «Die brutale Beschneidung von Mädchen verstößt deswegen gegen die Lehre des Islam, weil Gott den Menschen mit Würde ausgestattet hat.» In der sogenannten Fatwa der Kairoer Konferenz (2006) heißt es: «Im Koran sagt Gott: ‹Wir haben die Kinder Adams gewürdigt.› Daher wird von Gott jeglicher Schaden verboten, der Menschen zugefügt wird, unabhängig von gesellschaftlichem Status und Geschlecht.» Man könnte hinzufügen: Verboten wird von Gott auch, sich selbst Schaden zuzufügen.

Die Religionen entdecken, dass sie etwas zu sagen haben zur Liebe zum eigenen Körper und zur Pflicht, mit diesem pfleglich umzugehen. Vor allem zeigen sie Möglichkeiten auf, wie der Mensch sich und andere einschätzen soll. Sie helfen, sich nicht vom äußeren Anschein täuschen zu lassen: Wie immer ein Mensch auch aussehen mag – es zählt an erster Stelle, dass er Gottes geliebtes Geschöpf ist. Wir brauchen nicht zu warten, bis wir einem äußeren Ideal entsprechen. Unser Körper ist nach der Lehre des Christentums Tempel des Heiligen Geistes. Das macht ihn heilig. Darum kann ich ihn annehmen. Deswegen achte ich sorgfältig auf ihn. Das bewahrt mich vor dem ständigen Stress, ihn ewig anpassen zu wollen. Der Schöpfer meines Lebens hat ihn mir geschenkt. Das macht mir meinen Körper wertvoll, so wie er ist. Er ist mein Freund. Mit ihm darf ich nicht machen, was ich will. Er ist mir zur Obhut gegeben. Niemand hat das Recht, mir dieses Geschenk madig zu machen. Mit meinem Geist und meiner Seele bildet der Körper die Wirklichkeit, die ich bin. Das ist die Basis, auf der ich lebe. Es gibt kein anderes Leben für mich als mein Leben in diesem Körper. Damit will ich zufrieden sein. Ich will «mit ganzem Herzen, mit ganzer Seele und mit all meiner Kraft» (Dtn 6,5) leben.

14. Der Vorratsraum

«Damit ich morgen was habe.» Oder: Maß halten

Wir kommen jetzt zum Vorratsraum des Klosters. Bei den Kapuzinern ist der ziemlich klein. Unser Ordensgründer wollte, dass sich die Brüder um das Morgen nicht so viele Sorgen machen. Sie sollten immer nur so viel haben, wie sie wirklich zum Leben benötigten. Nicht mehr und nicht weniger. Jede übertriebene Sorge war ihm zuwider. Falls einmal nicht genug vorhanden sein sollte, so meinte er, könnten die Brüder ja betteln gehen.

Bis vor 40 Jahren gab es somit Brüder, die zu den Leuten gingen, um dort Lebensmittel für die Gemeinschaft zu erbitten. Die meisten Heiligen unseres Ordens gehörten zu dieser Gruppe von Laienbrüdern. Sie waren bei den Menschen sehr beliebt. Die Leute spürten wohl sofort, dass da einer kommt, der wegen Gott um eine milde Gabe bitten will. Dass es dem darum geht, von Gott aus zu leben und von ihm aus auf die Mitmenschen zuzugehen.

Normalerweise gehen die Menschen ja eher von sich selbst aus. Wir überlegen, was wir von Gott und von unseren Mitmenschen bekommen könnten. Franziskus hat mit seiner Lebensentscheidung die Blickrichtung herumgedreht: Nicht zuerst meine Person. Nein, der größte Reichtum ist Gott, und der steht an erster Stelle. Franziskus schreibt in einem Gebet: «Du bist all unser Reichtum zur Genüge!» Auch nicht zuerst die eigene Wohnung, ein eigenes Haus: Nein, die Schöpfung Gottes ist der Wohnort aller Geschöpfe. Jeder hat darin seinen Platz. Auch gilt: nicht zuerst mein Profit. Nein, zuerst kommt das Auskommen für alle. Darin werde dann auch ich meinen Anteil finden.

Radikal setzt er ein Wort Jesu um: «Niemand kann zwei Herren dienen; er wird entweder den einen hassen und den andern lieben, oder er wird zu dem einen halten und den andern verachten. Ihr könnt nicht beiden dienen, Gott und dem Mammon. Deswegen sage ich euch: Sorgt euch nicht um euer Leben und darum, dass ihr etwas zu essen habt, noch um euren Leib und darum, dass ihr etwas anzuziehen habt. Ist nicht das Leben wichtiger als die Nahrung und der Leib wichtiger als die Kleidung?» (Mt 6,24f.)

«Kann sein», antworten wir Superrealisten darauf, «aber was machen wir ohne Nahrung und ohne Kleidung?» Und es beginnt die Jagd auf Kleidung und Nahrung ohne Rücksicht auf Verluste. Ich wundere mich immer wieder, was Menschen so alles einkaufen. Vor Feiertagen tun viele so, als würde eine Hungerkatastrophe ausbrechen. Ansonsten wird der monatliche Einkaufstag zum Schicksalstag, der über die Mahlzeiten der nächsten vier Wochen entscheidet. An diesem Tag muss alles gerafft werden. Die Einkaufswagen in den Supermärkten, sowieso schon zu groß gebaut, quellen über. Manche haben ihre liebe Not damit, alles ins Auto zu bekommen. Daheim fehlt dann der Platz, die Dinge sorgsam und entsprechend ihrem Wert unterzubringen. Und nach drei Wochen hat man auch noch vergessen, wohin man alles gepackt hat. Wir bedienen uns nur noch aus den Vorräten, die wir angelegt haben. Es bleibt kein Platz für Spontaneität. Es muss uns schmecken, was uns am monatlichen Einkaufstag in die Hände fiel. Kühlschrank, Gefriertruhe, Vorratsregal und Keller sind für morgen gerüstet. Nur das, was uns heute mundet und was wir jetzt gerade brauchen, genau das finden wir da nicht.

In den Kleiderschränken sieht es nicht anders aus. Wir werden von Mode zu Mode gehetzt und wissen gar nicht mehr, wo wir die Sachen vom Vorjahr lassen sollen. Schon zwei Jahre vor der Saison werden die Modefarben festgelegt, nach denen alle Hersteller zu schneidern haben. Eine ganze Industrie hält sich weltweit an diese Vorgaben, die darauf abzielen, dass der Konsum nicht nachlässt. Wir kaufen nicht, was wir jetzt brauchen: Wir kaufen für später, für den Moment, in dem wir dann vielleicht unseren großen Auftritt haben werden. Doch dann ist es möglicherweise zu spät für das Outfit. Denn es kommt alles ganz anders, als wir es uns vorgestellt haben. So wartet manches T-Shirt heute noch darauf, ausgepackt zu werden. Fast jede Woche bieten uns Leute an der Pforte Kleidung für Bedürftige an, die quasi neu ist.

Weiter geht es mit dem Einkauf von Büchern. In unrealistischen Träumen von den schönen Stunden des Lebens, die bald kommen werden, wandert so manches Buch aus der Buchhandlung nach Hause in den Bücherschrank. Die Onlineversender verdienen sich eine goldene Nase mit dieser Hoffnung auf Muße. Es ist so verführerisch schön, sich vorzustellen, wie es wäre, wenn man dieses Buch auch noch hätte und die Zeit, sich damit auseinanderzusetzen. Selbst wenn wir wissen, dass wir es vielleicht nie werden lesen können: Wir trösten uns mit dem Gedanken, dass sich bestimmt noch zeigen wird, zu welchem Zweck wir es gekauft haben. Und so nutzen wir fröhlich die erste Möglichkeit, es sofort zu bestellen. Man weiß ja nie. Wir geraten in die Falle, die uns durch das verführerische Angebot der Sofortbestellung gemacht wird: Die Maus frisst unsere Bedenken. Klick. Und schon ist die Falle zugeschnappt.

Dadurch werden zwar unsere Regale voller, aber Bildung erlangen wir so noch lange nicht. Und wir werden auch nicht schlauer, wenn wir noch mehr von etwas bestellen. So seltsam es sich anhören mag: Am meisten hat der vom Leben, der sich genauso viel leistet, wie er sich heute leisten kann. «Selig die arm sind vor Gott!» (Mt 5,3). Damit meint Jesus in seiner Bergpredigt alle, die nicht auf den großen Reichtum schielen, mit dem man dann, später, irgendwann ein Jemand sein wird. Arm vor Gott ist jeder, der weiß, wie reich Gott ist. Mit ihm braucht niemand in Konkurrenz zu treten. Wenn man schon weiß, wer der Reichste ist – nämlich Gott – kann man sich getrost anderen Zielen zuwenden. Zum Beispiel dem, heute schon mit dem zu leben, was einem im Jetzt zur Verfügung steht.

«Gib uns täglich das Brot, das wir brauchen» (Lk 11,3), heißt es im Vaterunser. Damit spielt Jesus auf eine Erfahrung des Volks Israel in der Wüste an: Das Manna bekamen sie 40 Jahre lang jeden Morgen frisch. Wer auf solche Erfahrungen verweist, redet nicht in einer billigen Sorglosigkeit das Wort. In der jüdisch-christlichen Tradition ruft die Erinnerung an Gottes Sorge für das Heute vielmehr dazu auf, nichts auf die lange Bank zu schieben. Weil man aus dem schöpfen soll, was da ist, ist es nur folgerichtig, dass die Bibel klipp und klar sagt: «Du darfst von deinem Bruder keine Zinsen nehmen: weder Zinsen für Geld noch Zinsen für Getreide noch Zinsen für sonst etwas, wofür man Zinsen nimmt.» (Dtn 23,19). Wer heute alles einsetzt, dient damit dem Gemeinwohl am besten.

Der Trend, doch irgendwo noch was für den Zeitpunkt X auf Lager zu haben, gehört zur menschlichen Urversuchung. Aus der Frühzeit unseres Ordens wird berichtet, wie ein Novize, also ein Ordensanfänger, der Psalmen lesen konnte, vom Oberen die Erlaubnis erhalten hatte, ein Psalterium, ein Psalmbüchlein, zu besitzen. Weil er aber gehört hatte, dass Franziskus es nicht wollte, dass seine Brüder nach Wissenschaft und Büchern strebten, ging er zu dem charismatischen Ordensgründer, um auch dessen Erlaubnis zu erhalten. Der Novize sagte zu ihm: «Vater, es wäre mir ein großer Trost, ein Psalterium zu besitzen. Der Generalminister hat es mir zwar zugestanden, aber ich will es nur mit der Einwilligung deines Gewissens besitzen.» Franziskus antwortete ihm: «Viele Heilige und Helden lebten für die Ausbreitung des Glaubens in Schweiß und Mühe bis zum Tod. Und die Märtyrer sind im Kampf für Gott gefallen. Heute jedoch gibt es viele, die allein durch die Erzählung dessen, was jene vollbracht haben, zu Ehre und Menschenlob gelangen wollen. So gibt es auch unter uns viele, die nur durch Vorlesung und Verkündigung der Werke, die die Heiligen vollbracht haben, Ehre und Lob empfangen wollen. Wenn du erst ein Psalterium hast, dann wirst du begehrlich werden und ein Brevier besitzen wollen. Und wenn du ein Brevier hast, dann wirst du auf dem Katheder sitzen wie ein großer Prälat und zu deinem Bruder sprechen: Bruder, bring mir das Brevier!» Daraufhin ließ Franziskus sich das Brevier bringen, legte es sich auf den Kopf, tanzte damit und rief immer wieder: «Ich bin das Brevier. Ich bin das Brevier.»

Franziskus hatte diesen Bruder durchschaut, der sich etwas aneignen wollte, was ihn von den anderen abhob. Deswegen verwies Franziskus den Novizen auf das gelebte Beispiel: Nicht die Vorstellung, einmal genauso vollkommen beten zu können wie die vielen Heiligen, soll ihn leiten. Er soll einfach jetzt damit anfangen. Das Buch wird ihn von den anderen und auch von Franziskus trennen. Der Besitz stellt sich zwischen ihn und die anderen Brüder. Dabei, so sieht Franziskus es voraus, wird es aber nicht bleiben: «Wenn du erst das Psalmbüchlein hast, dann willst du auch das dickere Brevier.» Das Brevier will zum Psalmbüchlein. Geld will zu Geld, sagen wir. Was wir besitzen, macht uns nicht satt. Je satter wir werden, umso gieriger sind wir.

Unselig unsere Augen, wenn sie größer sind als der Mund. Maßhalten tut not. Von den überquellenden Einkaufswagen war schon die Rede. Bei Tisch geht es weiter. Wir essen, bis uns der Magen drückt. Kaum einen Ratschlag geben Ärzte vergeblicher als den, wir sollten uns doch bitte mäßigen. Diätkuren kranken daran, dass wir uns davor ein letztes Mal noch die süße Stärkung genehmigen. Und kaum ist eine Woche herum, hat man schon das sechste «letzte Mal» hinter sich.

Wir können keinen Frieden finden in dem Rahmen, der uns gesetzt ist. Obwohl wir nur ein Paar Schuhe tragen können, stehen zig Paare in unserem Schrank. Obwohl wir nur begrenzte Zeit zum Lesen haben, kommt jede Woche ein neues Buch ins Haus. Der biblische Biss in die Frucht vom Baum der Erkenntnis wiederholt sich täglich. Statt das gegebene Paradies zu genießen, gieren wir maßlos nach dem, was uns eigentlich zu viel ist. Nicht angemessen, sondern schlichtweg verboten. Einen Grund dafür liefert die Bibel gleich mit: Wir sind Ebenbilder Gottes. Deshalb träumen wir davon, allmächtig zu sein und uns alles erlauben zu können. Wir kommen von unserem Schöpfer, der, wie Franziskus von Assisi sagt, Frieden, Reichtum und Gut zur Genüge in sich begreift.

Maßhalten erinnert uns als Gottes Geschöpfe daran, dass wir nur sein Ebenbild sind und nicht Gott selbst. Wir erleben es als Ungenügen, was uns ins Menschenstammbuch geschrieben ist. Dagegen lehnen wir uns auf. Wir möchten sein wie der Herr. Alles haben. Alles bekommen. Alles machen. Alles ausprobieren. Überall sein. Überall mitmachen. Ohne jedes Maß.

Friedrich Nietzsche hat schon in der Mitte des 19. Jahrhunderts gespürt, wohin solche Wünsche führen. In «Die Fröhliche Wissenschaft» ruft der tolle Mensch: «Wir haben Gott getötet – ihr und ich! Wir alle sind seine Mörder! Aber wie haben wir dies gemacht? Wie vermochten wir das Meer auszutrinken? Wer gab uns den Schwamm, um den ganzen Horizont wegzuwischen? Was taten wir, als wir diese Erde von ihrer Sonne losketteten? Wohin bewegt sie sich nun? Wohin bewegen wir uns? Fort von allen Sonnen? Stürzen wir nicht fortwährend? Und rückwärts, seitwärts, vorwärts, nach allen Seiten? Gibt es noch ein Oben und ein Unten? Irren wir nicht wie durch ein unendliches Nichts? Haucht uns nicht der leere Raum an? Ist es nicht kälter geworden? Kommt nicht immerfort die Nacht und mehr Nacht? [...] Gott ist tot! Gott bleibt tot! Und wir haben ihn getötet! Wie trösten wir uns, die Mörder aller Mörder? [...] Müssen wir nicht selber zu Göttern werden, um nur ihrer würdig zu erscheinen?»

Aus diesem Gedanken heraus entsteht später die Idee des sogenannten Übermenschen: Tot sind alle Götter. Nun wollen wir, dass der Übermensch lebt.

Die Entwicklung hat sich zugespitzt. Was Friedrich Nietzsche zu seiner Zeit erkannte, könnte er heute noch extremer beobachten. Alles von Gott zu erwarten und in Gott finden zu müssen demütigt den Menschen. Wir wollen selbst Ursprung, Ziel und Maß aller Dinge sein. Und wenn wir uns schon nicht selbst machen konnten, soll am Anfang höchstens ein blinder Zufall stehen und am Ende ein namenloses Nichts: Nichts kann uns also zur Verantwortung ziehen.

Der Aufstand gegen das Unmäßige ist so alt wie die Menschen selbst. Sie in Schach zu halten brachte bald Drohungen und Strafen hervor, die sich ihrerseits ins Maßlose verstiegen. Heute schrecken Höllendrohungen niemanden mehr auf. Eher mäßigt uns die Anzeige der Waage morgens im Bad. Oder, dramatischer, es rüttelt uns die Zwangsräumung eines Nachbarn auf, den seine Spielsucht ruinierte. Wenigstens für einen Augenblick bedenken wir, was alles passieren kann, wenn man nicht früh genug nein sagt. Doch sind solche Hiobsbotschaften so wirkungsvoll wie eine donnernde Kapuzinerpredigt: Fast schon verbucht man den Schauder als einen Beitrag unter vielen zur Erheiterung mitten im großen Fressen.

Die Gier nach Ess- oder Erlebbarem walzt alles nieder, was zu den Heiligtümern der Menschheit gehört. Eine Feier soll eigentlich jemandem zu Ehren gehalten werden, für den man dankbar ist. Heute muss das Festgeheimnis den Gästen Dankbarkeit dafür zeigen, dass sie gekommen sind. Also organisiert man vor lauter Angst, der Tag selbst und sein Anlass seien nicht genug, für die Verwandtschaft und Bekanntschaft ein Wochenendevent, welches am Ende aber dann doch auch nur gelangweilt abgehakt wird. So viele allerneueste Ideen für Ihre Party kann es ja gar nicht geben.

Im Vordergrund steht die Befriedigung derer, die im Heute nicht leben können und ständig nach einem heute Abend, nächsten Wochenende oder – auch in diese heilige Zone bricht man ein – nach einem Gottesdienstevent auf der Suche sind. Die Kirchen, einst Orte des Trosts, dass Gott uns heute schon alles anbietet, verkommen zu Vertröstungsagenturen. Es werden sogenannte Gottesdienste ersonnen, die nichts anderes sind als allerfeinste esoterische Trendveranstaltungen. Musik, Farbe, PowerPoint-Präsentationen und Rollenspiele sagen den Menschen: Es wird alles gut. Wartet nur ab. Ein bisschen Frieden – und damit kann man vielleicht schon mal anfangen. Versucht's mal mit Beten. Entspann dich hier erst einmal.

Innerkirchlich heißt es dann: Wir kommen den Menschen entgegen. Wahr aber ist, dass die Kirche den Menschen nachläuft und sie nicht an der richtigen Stelle abholt. Sie geht in die falsche Richtung. Denn sosehr Gott in dieser Welt präsent ist, so sehr ist sein Anspruch nicht von dieser Welt. Er will als Schöpfer der Welt und der Menschen absichtsfrei gefeiert werden. Er will nicht jeden Einzelnen zufriedenstellen, sondern beunruhigen. Gott bestätigt nicht, was wir uns ausdenken. Gott ist der größte Kritiker seiner Geschöpfe.

Zu meinem Gottesbild gehört es, dass Gott auch die Fehler kennt, die in seiner Schöpfung vorhanden sind. Er leidet mit seinen Geschöpfen. Und er gibt ihnen Kraft und Ideen, dem großen Leid ein Ende zu machen. Die Voraussetzung dafür lautet, dass wir Geschöpfe von allem loskommen, was uns einflüstert, wir bräuchten nur auf unsere Chance zu warten und dann schafften wir es schon, die Welt so hinzubiegen, wie wir sie uns vorstellen.

Gottesdienste sind nicht dafür da, die Vorstellungen des Menschen zu bestätigen. Sie verkünden, dass die neue Welt Gottes schon jetzt da ist. Jesus sagt: «Das Reich Gottes ist schon mitten unter euch» (Lk 17,21). Wer zur Kirche kommt, sucht eine Alternative zu dem Erfahrbaren. Er möchte etwas kennenlernen, was nicht von dieser Welt ist. Wenn wir im Kloster unser Stundengebet sprechen, nehmen wir Texte zur Grundlage, die wirklich aus einer anderen Welt kommen. Sie entstammen einer Epoche, die seit 4000 Jahren vorbei ist. Die Psalmen führen uns von unserem Alltagsgeschäft in die Atmosphäre Gottes. Es hat bei mir fast 20 Jahre gedauert, bis ich das wirklich verstanden habe. Nicht wir beten die Psalmen, sondern sie beten uns. Ich konnte mich von Anfang an darauf einlassen, weil ich denen vertraut habe, die sie mit mir Tag für Tag gesprochen haben. Hätte ich sie allein gebetet, weil ich damit etwas Besonderes erfahren wollte, hätte ich es sicher bald aufgegeben. An erster Stelle steht das vollkommene Vertrauen, dann, wenn Gott es will, folgen Momente, die wirklich beglückend sind. Sie drücken «nur» noch aus, was wir mit erfülltem Herzen glauben: Gott ist da. Diesen

Weg kann jeder ausprobieren: Man muss einfach davon ausgehen, dass alles schon gut ist. Dass ich nicht mehr zum Glück brauche als das, was ich habe. Selig mit dem sein, was zur Verfügung steht. Das ist das Leben. Mein Leben. Und darin wird mir das Glück aufgehen, das genau zu mir passt.

Die Maßlosigkeit lähmt uns bis über den Tod hinaus. Für den ist jetzt nämlich auch jeder selbst zuständig. Damit später alles genau so abläuft, wie man es sich vorstellt, legt man sich heute fest. Wenn sich heute schon keiner um mich kümmert, dann wird das auch nach meinem Tod nicht besser sein. Manche glauben doch tatsächlich, sich damit trösten zu können, dass sie ihre eigene Bestattung geregelt haben. Kein Wunder, dass die Friedhöfe zu Egowiesen werden. Eigentlich sind Friedhöfe Orte, an denen die Menschen ihrer Verstorbenen gedenken. Dort ehrt die Gemeinschaft das Andenken ihrer Mitglieder. Sie sind im Besitz der Kirchengemeinden oder der städtischen Gemeinden. Beides hat sich nun gründlich geändert. Die Gesellschaft will grenzenlos happy sein. Also lässt sie den Einzelnen mit seinen Toten und im Tod allein. Er protestiert nicht dagegen. Ihn betäubt das süße Gift der Maßlosigkeit: Jetzt endlich kann er auch noch den Tod selbst in die Hand nehmen. Er fühlt sich aufgewertet. Jetzt plane ich für das Danach. Das fühlt sich wie Selbstverantwortung an. Dabei läuft alles nur auf Selbstentwertung hinaus: Jetzt muss man sich auch noch selbst entsorgen. Wer noch traurig darüber sein kann, passt nicht in die Landschaft. Geschätzt wird, wer mit einer gewissen Selbstzufriedenheit verfügt, die eigene Asche solle auf die grüne Wiese gestreut werden. So halten wir uns die Tatsache vom Leib, dass wir nicht ewig Zeit haben. Dass unser Leben später nicht anfängt. Sondern aufhört. Und das Maß voll sein kann.

Diese Begrenzung tut wie alles, was uns an unser Menschsein erinnert, weh. Vor allem deshalb ist der Tod eine reine Privatsache geworden. Die Trauernden machen das brav mit, weil sie wehrlos sind in ihrem Leid. Man weint nicht öffentlich. Man trägt nicht mehr Schwarz. Man macht die Trauerfeier zu einem Spaßevent mit launigen Reden und lustigen Reimen. Die Gesellschaft hat keine Zeit, die Unterbrechung zuzulassen, die der Tod nun mal bedeutet. Die Friedhöfe werden privatisiert oder in eigenwirtschaftliche Betriebe umgewandelt. Der Tod geht uns nichts mehr an. Es muss jeder selbst damit fertig werden. Es geht im Tod nicht mehr um Kultur, sondern um Dienstleistung. Nicht mehr um das Leben, wie es eben auch sein kann, betroffen von Tod und Trauer, sondern um das Geld, das auch daran noch gespart oder verdient werden kann. Für bessere Zeiten.

Wirklich zufrieden macht das alles nicht. Ob ungewollt oder gewollt: Wenn sich unsere Vorstellung von Spaß, Glück oder Selbstbestimmung erfüllt, meldet sich gleich ein herzhaftes Noch-mehr: «Ein jeder Wunsch, wenn er erfüllt wird, kriegt augenblicklich Junge» (Wilhelm Busch). Da ist Erziehungsarbeit angesagt. Denn: «Die Seele liebt in allen Dingen das diskrete Maß», so formuliert es Hildegard von Bingen. Sie lässt uns in den siebten Himmel träumen. Das ist wahr. Dort könnten wir mit ihr Gott finden, der uns erfüllt und uns an die Arbeit schickt. Wir würden merken: Es ist nicht schlimm, nicht Gott zu sein. Aber es kommt noch besser: Es ist einfach nur schön, dass unser Gott im Himmel, nicht auf der Erde unser Gott sein kann.

«Die mit Händen gemachten Götter sind keine Götter» (Apg 19,26). Der Apostel Paulus bezog seine Worte damals in Ephesus auf die silbernen Statuen der Fruchtbarkeitsgöttin Artemis mit ihren maßlos vielen Brüsten. Ähnlich muss heute ausgesprochen werden, dass weder Geld noch Besitz Gott gleichen. Weder der eigenen Gesundheit noch dem eigenen Wohlbefinden darf alles geopfert werden. Es ist nicht richtig, von einem Kind im Hinblick auf den späteren Konkurrenzkampf nicht nur die besten Noten, sondern auch noch glänzende Leistungen in drei bis fünf Hobbys zu verlangen. Guter Urlaub misst sich nicht daran, ob auch alles so wird, wie es im Katalog stand. Und schon gar nicht fängt mit ihm erst das Leben an.

Der Maßlosigkeit ist das eine Freude, was sie selbst inszeniert hat. Deswegen ist der Maßlose auch so unglücklich. Immer könnte es im Leben noch besser, noch schöner, noch bewegter sein. Er ist unfähig, sich mit anderen im Zusammenhang zu sehen. Da könnte ihm ja ein Maß begegnen, dem er im wahrsten Sinne des Worts nicht gewachsen ist. Also lebt er ganz für sich allein und hält sich an seine privaten Aussichten auf die Zukunft. Deswegen gehört die Maßlosigkeit auch zu den Todsünden. Lapidar, aber wahr: Wer maßlos lebt, ist schon tot.

Der franziskanische Weg ist sicher der radikalste Erziehungsweg: Dadurch, dass keiner der Brüder etwas hat, wird der Wunsch, nach mehr Besitz zu streben, im Keim erstickt. Es wäre gut, wenn sich unsere Gesellschaft deshalb darüber klar würde, wie wenig sie eigentlich hat. Dabei sollte die Perspektive leitend sein: Reich ist man nur, wenn alle mit einem reich sein können. Der Ausweg aus der Maßlosigkeit beginnt beim Mitmenschen. Ich verstehe gut, dass Jesus Blinde geheilt hat. Sie lebten von allem, was sie sich vorgestellt haben. Gegen die Maßlosigkeit helfen am besten die offenen Augen. Unsere Wünsche mäßigen sich auf diesem Weg wie von selbst. Wenn wir sehen, was alles da ist, nehmen wir auch wahr, was wir alles nicht mehr brauchen. Wir sehen unsere Grenzen an Zeit und vor allem an Vermögen in jeder Bedeutung des Worts.

Wir können unsere Lust auf mehr artikulieren: Wir sind aber nicht Gott. Wir können nicht alles haben. Wir können nicht alles machen. Der Sinn unseres Lebens besteht nicht darin, heute und jetzt sofort so glücklich zu werden, wie wir es uns vorstellen. Er besteht darin, hier und heute das Glück zu sehen, das uns jetzt schon geschenkt ist.

Ich erinnere mich, wie ich als Kind mit meiner Tante öfter eine gelähmte Dame besuchte. Sie hatte sich einen Spiegel über dem Bett anbringen lassen, mit dem sie durch das Fenster in einen Park blicken konnte. Die Gespräche mit ihr drehten sich häufig um die Leute, die dort spazieren gingen und die ihr mit der Zeit immer vertrauter geworden waren, genauso wie bestimmte Tiere und die Farbe der Blumen und Blätter. Ich habe diese Frau als glücklich in Erinnerung.

Unseren Durst nach unendlichem Frieden stillt Gott schon heute. Unsere Sehnsucht nach vollkommenem Verständnis erfüllt Gott uns sofort. Das Leben gerät in viel ruhigere Bahnen, wenn wir unsere Selbstbestimmung nicht von dem leiten lassen, was wir morgen erreichen wollen. Wir werden schon vollendet werden – das verspricht mir mein Glaube. Darum mache ich mir heute keine Sorgen, sondern genieße, was heute möglich ist.

Der Königsweg dazu ist das Gebet. Es ist nicht die Unterwerfung unter eine Autorität. Im Gebet öffnet der Mensch Gott gehorsam die Tür. Dann treten Glaube, Hoffnung und Liebe ein. Die göttlichen Tugenden werden sie genannt. Sie werden in jeden Menschen eingegossen. Jeder kann sie vorfinden. Wenn er demütig genug ist, sie anzunehmen.

Wer glaubt, setzt seine Hoffnung nicht gnadenlos und allein auf das eigene Vermögen. Er begegnet Gott und der Welt mit einer Liebe, der es schlicht zuwider ist, Schöpfer und Geschöpf zum Sklaven der eigenen Bedürfnisse zu machen. Wer glaubt, nimmt die kleinen Dinge des Alltags ernst. Wie schrecklich, wenn man allem, was man erlebt, mit der Haltung begegnet: Es könnte ja noch was Besseres kommen. Wie erleichtert ist man, wenn man weiß: Das Beste offenbart sich hier und jetzt in dem, was wir Maßlosen viel zu oft geringschätzen. Im wenigen können wir die Fülle empfangen. Wir müssen nicht ganz satt werden. Weniger ist oft mehr, weil es uns richtig zu schmecken lehrt und wir uns dazu nicht noch den Magen verderben.

Wir müssen auch nicht vollkommen lieben. In der Liebe, wie sie zwischen zwei Menschen möglich ist, spiegelt sich eine Liebe, die beide Stück für Stück aufeinander zuführt, allerdings nie ganz.

Unser Leben muss nicht total toll sein. Es genügen die wenigen Augenblicke, in denen aufblitzt, dass Gottes Verheißung an uns nicht ohne Grund ist. Die werden uns tragen. Einst wird er uns großzügig vollenden.

Wer zum rechten Maß finden will, muss sich entschließen, ein Mensch mit Moral zu sein. Wo sie fehlt, da erschöpfen sich alle Kräfte in Maßlosigkeit. «Das Maß ist das Erhaltende in der Natur wie im Leben», meint Wilhelmine von Hillern. Der Maßvolle ist bescheiden. Seine Augen nehmen weniger wahr, was man einheimsen könnte, sondern erkennen vielmehr, was dem anderen fehlt. Die Maßvollen öffnen einander die Vorratskammer. Sie halten nicht an dem Wahnsinn fest, alles für sich und für morgen behalten zu müssen. Sie gönnen einander etwas. Sie leben nicht für morgen. Sie freuen sich täglich am Heute.

15. Die Ökonomie

«Wenn ich Geld hätte …»
Oder: Abhängigkeiten annehmen

In einem Kapuzinerkloster wird keine Landwirtschaft betrieben. Ökonomiegebäude wie in einer großen Abtei mit Ställen und Werkstätten werden Sie hier vergeblich suchen. Die wirtschaftlich und finanziell relevanten Dinge werden bei uns in einem ganz kleinen Büro, in dem der Bruder Ökonom einige Stunden im Monat die Buchführung des Klosters macht, erledigt. Wir sind kein eigenständiges kleines Unternehmen, sondern auch nur Teil des großen Ganzen. Das Monatsergebnis sendet der Klosterökonom an die Verwaltungsstelle unserer Ordensprovinz. Dort arbeitet fast in Vollzeit ein Provinzökonom. Er führt die einzelnen Meldungen zusammen und hat auf diese Weise einen Überblick darüber, wie es um den Orden finanziell bestellt ist. Die einzelnen Brüder verfügen nicht über ein eigenes Sparkonto. Einige haben aufgrund ihrer Tätigkeit eine Scheckkarte, mit der sie auf das Gemeinschaftskonto zugreifen können. Aber jeder muss Rechenschaft darüber ablegen, was er ausgibt. Mit dem Bargeld verhält es sich ähnlich. Jeder Bruder hat einen Betrag in der Tasche, der es ihm ermöglicht, die kleinen, alltäglichen Ausgaben zu tätigen. Für Beträge ab etwa fünf Euro versuchen wir immer, eine Quittung oder einen Kassenbon zu erhalten. Wenn das Bargeld im Portemonnaie langsam ausgeht, gehen wir zum Ökonomen, der uns dann gegen Vorlage der Quittungen den Betrag erstattet.

Leicht ist dieser Weg nicht. Die Abhängigkeit von der Gemeinschaft belastet auch die Seele. Schließlich gehört es doch zu den Eigenschaften des Menschen, auf der Grundsäule «Kapital» stehen zu wollen. Die franziskanische Armut greift da schon sehr tief ins menschliche Leben ein. Ich persönlich habe damit fast mehr Schwierigkeiten als mit den anderen Gelübden wie dem der Ehelosigkeit oder dem des Gehorsams. Wenn man so gar nichts sein Eigen nennen kann, geht das an die Substanz. Was immer ich nutze, steht mir zur Verfügung, aber ich kann darüber nicht nach meinem alleinigen Willen bestimmen. Ich muss immer wieder fragen.

Genau an diesem Muss entscheidet sich die Frage, ob man den Schritt zur Freiheit wirklich geschafft hat. Die freiwillig gewählte Armut ist ja kein Selbstzweck. Wir versprechen sie, weil wir von Franziskus, unserem Ordensgründer, gelernt haben, dass wir so die anderen Werte des Lebens besser pflegen können. Wer nicht mehr auf eine fundamentale Größe wie den eigenen Besitz bauen kann, der muss sehen, dass er woanders Halt findet. Da ist zunächst der Halt im Gebet. Dann aber auch der Halt in der Gemeinschaft. Wo niemand etwas sein Eigen nennt, entsteht eine Verbundenheit, die nicht von Geld bestimmt ist. Weil niemand sagen kann: Ich kaufe euch jetzt mal etwas! Oder: Ich schenke euch etwas! Es gibt unter uns auch kein Oben und Unten, das durch Geld definiert ist. Franziskus lehrt uns bis heute, dass das Materielle die Beziehungen unter den Menschen zerstören kann. Dann steht nämlich plötzlich nicht mehr der Mitmensch im Mittelpunkt, der mir zum Leben hilft. Ich fühle mich frei und unabhängig und nehme den Besitz zum Anlass, auf andere herunterzuschauen. Auch wenn Geld zwar eigentlich ein Kommunikationsmittel ist, das den Güteraustausch in der Gesellschaft erleichtern soll, erfüllt es diesen Zweck nur bedingt. Mittlerweile dient es auch dazu, Besitz weit über den Eigenbedarf hinaus anzusammeln. So viel Wohnfläche oder so viele PS im Auto kann man gar nicht ausnutzen, wie manche sich davon leisten. Geld und Besitz dienen uns nicht mehr. Geld und Besitz sollen uns auszeichnen. Darum träumen viel zu viele davon, was wäre, wenn sie Geld hätten. Sie stellen sich vor, dass sie dann erst richtig leben könnten. Als Minderbruder kann ich darüber nur lachen. Richtig zu leben ist keine Geldfrage. So beruhigend es sein mag, keine Geldsorgen zu haben. Aber mit dem Geld kommen erst die wirklichen Sorgen.

Die Finanzkrisen der letzten Jahrzehnte sind ein Zeichen dafür, wie brüchig die Beziehungen der Menschen untereinander geworden sind. Vertrauen schwindet, wo jeder möglichst billig an den Besitz anderer kommen will und auch bereit ist, dafür dem Kreditberater das Blaue vom Himmel herunterzulügen. Und der wird an seine Kollegen bei der nächsten Bank genau diese Lüge weitergeben. Eine riesige Blase entsteht. Und was passiert, wenn die platzt, haben wir alle in der Finanzkrise 2008 gesehen.

Mittlerweile ist die Raffkementalität von Managern, die allein darauf schauen, wie sie ihre Schäfchen ins Trockene bringen können, anrüchig genug geworden. Milliardengewinne auf der einen Seite, Massenentlassungen auf der anderen Seite: Wir spüren, dass in unserem Land irgendetwas schiefläuft. Das Grundgesetz geht von der Verpflichtung aus, die jeder Mensch hat. Er soll dem Gemeinwohl dienen. Eigentum verpflichtet. Da ist der Blick aufs Ganze noch zu spüren. Die Rede von der Freiheit, Gleichheit und Brüderlichkeit als Staatsgrundlage erscheint da noch sinnvoll. Mittlerweile aber schwebt keinem mehr eine Gesellschaft von Gleichen als Vision vor Augen. Jeder hat, so scheint es, nur das Eigenwohl im Blick. Wir leben zwar in einem Rechtsstaat mit Gesetzen, aber muss die jeder so ausschöpfen, dass er auch noch den letzten Cent für seine Pension herausholt?

Unser Beamtenrecht aus preußischer Zeit muss einem Besoldungsrecht weichen, dem eine Arbeitspflicht gegenübergestellt wird. Unser Kapitalrecht, das noch davon ausgeht, dass der Arbeitnehmer mit seiner Hände Arbeit am meisten erwirtschaftet, ist unzeitgemäß. Ich kann es mir nicht anders erklären, als dass man seitens der Nutznießer dieser überholten Systeme an notwendigen Erneuerungen nicht interessiert ist. Wer meldet denn schon dem Kassierer, dass er sich zu unserem Vorteil verrechnet hat?

Es dürfte nicht sein, dass in Deutschland Kapitalgewinne nicht für kommunale Aufgaben versteuert werden müssen. Da machen Banken zeitweise satte Gewinne, mit denen weder Straßenbahn noch Freizeiteinrichtungen vor Ort bezahlt werden. Wir bringen die Obdachlosen mit dem Geld unter, das der Maurer erwirtschaftet hat. Unsere Schulgebäude werden mit den Steuern aus dem Mittelstand erhalten. An den Kleinen bleibt die Finanzierung der Grundaufgaben des Staates hängen; die Großen lässt man laufen, nach Liechtenstein, Luxemburg und in sonstige Paradiese der Steuerfreiheit.

Die franziskanische Brüderlichkeit ist weit mehr als bloße Solidarität. Die Brüder fühlen sich dem Gemeinwohl nicht allein deswegen verpflichtet, weil sie alle gleich sind. Dahinter steckt mehr. Das muss man nur sehen können.

Die hohen Zäune, mit denen sich die Reichen umgeben müssen, verstellen ihnen den Blick auf den armen Nachbarn. Das eigene Sicherheitsbedürfnis wird zur Quelle der Verunsicherung für die anderen. Brüderlichkeit heißt, zuerst nach oben zu blicken. Sie weiß sich von Gott verpflichtet, dem Vater aller Menschen. Als Franziskus Gott immer mehr Raum in seinem Leben gab, wurde er stark genug, die gesellschaftlichen Schranken, die durch den Besitz markiert werden, zu überschreiten. So steigt er eines Tages, als er mit Handelsgütern unterwegs ist, vom Pferd ab und küsst einen Aussätzigen. Brüderlichkeit erkennt in jedwedem Menschen einen Botschafter der eigenen Herkunft. Sie macht sensibel für den Augenblick. Wir sind alle Glieder am Leib Jesu Christi. Wir sollen einträchtig füreinander sorgen. In den frühen christlichen Texten heißt es: «Wenn darum ein Glied leidet, leiden alle Glieder mit; wenn ein Glied geehrt wird, freuen sich alle anderen mit ihm. Ihr aber seid der Leib Christi, und jeder Einzelne ist ein Glied an ihm.» (1 Kor 12,26f.)

Die Vision einer brüderlichen Welt Gottes nähren wir im Kloster durch Zeiten des Gebets und der Stille. Sie helfen uns, die Momente der Versuchung, uns gegeneinander abzugrenzen, zu überwinden. Ich möchte betonen, dass ich täglich neu daran arbeiten muss, in der Abhängigkeit von Gott und von den Brüdern zu verharren. Man stelle es sich nicht zu leicht vor, wirklich für die Bedürfnisse des Nächsten und die Gegenwart Gottes offenzubleiben. Immer neu steigen auch in mir Gedanken darüber auf, was ich alles sein könnte, wenn ich nicht immer diese brüderliche Rücksicht nehmen müsste. Wenn ich reich wäre. Wenn ich mir alles leisten könnte. Das wirksamste Gegenmittel ist dann, den Brüdern in die Augen zu sehen. Es ist mein Glück, mit diesen Menschen auf dem Weg zu sein. Sie leben mit mir nicht wegen eines wirtschaftlichen Ziels, das jeder für sich verfolgt und für das ich ihnen nützlich bin, sondern jeder Einzelne lebt hier, weil ein Ruf Gottes an ihn ergangen ist. Wir vertrösten uns nicht auf einen Wohlstand, der noch kommen wird. Wir genießen im Teilen dessen, was uns gegeben wird, dass das Reich Gottes schon da ist.

Gottes Reich ist nicht auf Geld gebaut. Aber auch der

gesellschaftliche Reichtum hängt nicht vom Geld ab. Geld ist ein Mehrwert, der durch die menschliche Arbeit geschaffen wird. Die Mehrheit der jungen Frauen und Männer wünscht sich trotzdem eine Ausbildung zum Bank-, Industrie-, Versicherungs-, Büro-, Groß- und Außenhandelskaufmann. Sie möchten mit dem Verdienten arbeiten, was nach einer wertschöpfenden Tätigkeit hoffentlich vorhanden sein wird.

Gottes Reich aber ist auf die gemeinsame handwerkliche Arbeit gebaut. Im Christentum gibt es dafür die beste Begründung: Jesus, der Gottessohn, war selbst Handwerker. Dieser Glaube durchkreuzt alle Trugbilder von einem Leben, das erst beginnt, wenn man reich ist. Den Halbgöttern im Zwirn stellt sich der Zimmermannssohn in den Weg. Göttlich ist, wer mit seinen Händen arbeitet und so sein Geld verdient.

An dieser Stelle tun Handwerk und Mittelstand verdammt viel. Noch tragen sie unsere Gesellschaft. Im Trend liegt allerdings eher, sich vorzustellen, es könne eine Wirtschaftsform geben, in der man nur noch mit Geld Mehrwert erzielt. Damit mich keiner missversteht: Wir brauchen auch Bankdienstleistungen. Sie stehen aber an unterster Stelle – und ganz im Dienst des schwer erarbeiteten Volksvermögens.

Es wundert mich nicht, dass in der Zeit des aufkommenden Handels mit Geld, das oft zum Wucherzins verliehen wurde, die Franziskusbrüder aktiv wurden. 1462 gründete der Franziskaner Barnada in Perugia das erste öffentliche Pfandleihhaus, ein Mons Pietatis, einen sogenannten Berg der Barmherzigkeit. Es verlangte zur Kostendeckung einen Kreditzins von nur vier bis zwölf Prozent. Trotz theologischer Bedenken gab Papst Pius II. dem Projekt seinen Segen. So machte das Modell vom barmherzigen Verleiher Schule. Die Unterschichten konnten auf diese Weise Geld leihen. Aus diesem franziskanischen System, Guthaben von Privatleuten anzunehmen und ihnen dafür geringe Zinsen zu zahlen, entwickelten sich in Deutschland im 18. und 19. Jahrhundert die ersten Sparkassen, die in kommunaler Selbstverwaltung geführt wurden. Hier war noch die Idee lebendig, dass Gelddienstleistungen von der Gemeinschaft für die Gemeinschaft erbracht werden müssten.

Wenn eine Bank oder auch ein Unternehmen den erwirtschafteten Mehrwert nur für sich behalten will, geht das garantiert schief. Ein guter Unternehmer reinvestiert und braucht trotzdem nicht am Hungertuch zu nagen. Anders das System, in dem Manager, nur eine kurze Zeit für eine sogenannte Prozessoptimierung eingestellt, das letzte Prozentchen Rendite herauspressen wollen, um davon möglichst noch die Hälfte selbst einzustreichen. Ein Unternehmer dagegen denkt ans Unternehmen und damit an all jene, ohne die es nicht existieren könnte. Sein Weitblick betrachtet die Mitarbeiter und die Marktmöglichkeiten schon allein deswegen, weil er mit ihnen alt werden will. Wer aber durch andere nur reich werden will, sieht nicht weit. Meistens nur bis zu seiner Gehaltsabrechnung.

Die kirchliche Soziallehre spricht seit 150 Jahren vom Arbeitereigentum. Das ist eine Idee aus dem Urchristentum: Zu dieser Zeit besaß man alles gemeinsam. Niemand nannte etwas sein Eigen. Solche Lebensformen brauchen natürlich die gemeinsame Übereinkunft, dass wirklich niemand für sich daraus Kapital schlagen will. Wenigstens in den Orden hat sich diese Idee erhalten. Der vielgescholtene Reichtum der Klöster hat neben historischen Gründen heute seine Grundlage darin, dass alle gemeinsam an der einen Sache arbeiten, die allen gehört.

Die Ökonomie der Gesellschaft braucht mehr verantwortliche Unternehmer, die hier und jetzt zupacken und nicht auf ein Leben warten, das anfängt, wenn das Unternehmen genug abgeworfen hat. Wir brauchen in großen Unternehmen das Instrument der Anteile: Die Arbeiter profitieren direkt vom Gewinn, da sie Anteile ihrer Firma besitzen. Sie erwirtschaften den Mehrwert und sollen auch direkt daran beteiligt werden. Franziskanisch gesprochen: Die ganz unten sind, bilden das Fundament, auf dem eine Firma ruht. Die Manager gehören zu den wenigen, die auf dieser Basis etwas aufbauen und nur für diese Basis bauen sollten. Hier fängt die Unternehmerethik an. Man wird von selbst verantwortungsvoll, wenn man den Erträgen dienen will, die von allen erwirtschaftet wurden.

Der Kontakt zur Basis ist das A und O einer Ökonomie, die sich von der Wirklichkeit leiten lässt und nicht von Traumblasen. In managergeführten Unternehmen gibt es oft keine Verantwortlichen mehr, die mit Mitarbeitern oder mit Kunden in engem Kontakt stehen. Dort landet man in Callcentern, in denen die geschulte Freundlichkeit und Geduld einen schalen Geschmack hinterlassen. Was nützt einem das netteste Gespräch, wenn man letztlich doch nur abgewiesen wird? Irgendwo wird aus irgendeinem Grund irgendetwas von irgendjemandem entschieden. Am Ende zählen nur das System und dessen Ziele. Nur nicht mehr der Mensch, der jetzt Geltung beansprucht. Den hält eine Computerstimme in der Warteschleife fest, damit er nicht stört.

Wir brauchen wieder eine Ökonomie, in der noch gespürt wird, dass jeder von jedem abhängt und sich niemand erlauben darf, auf Kosten des anderen nur in die eigene Tasche zu wirtschaften. Wir brauchen einen Aufstand gegen den Glauben, dass nur die großen und übergroßen Systeme effizient sind. In Wahrheit holen sich die anonymen, riesigen Einheiten Läuse in den Pelz und Maden in den Speck, die es am Ende zu Fall bringen werden.

Der Glaube, große Systeme ließen sich am effizientesten zu den Zielen führen, die man sich am besten noch selbst ausgedacht hat, ist so irrational, dass selbst ich als Theologe darüber staunen muss. Das entbehrt jeder wissenschaftlichen Grundlage und gehört doch zu den bedeutendsten Annahmen der Gegenwart. Reinhard Selten, der als erster Deutscher 1994 den Nobelpreis für Ökonomie erhielt, wies nach, dass sich eine Wirtschaft, die sich nur mit dem Preis-Leistungs-Denken im Marktgeschehen befasst, auf keine Basis stützt. Der von der klassischen Ökonomie erfundene Homo oeconomicus, der vollständig bewusste, informierte und allzeit vernünftige Konsument, der einem individuellen System persönlicher Bevorzugungen folgt, ist die tragende Säule dieses Theoriegebäudes. Aber er ist ein pures Hirngespinst. Kritische Ökonomen wie Bernd Senf thematisieren im Gefolge von Reinhard Selten insbesondere die «emotionale Blindheit», die aus einem reinen Glauben an Zahlen erwächst, und halten das gesamte Gebäude der rein mathematischen Ökonomie für einen einzigen, großen blinden Fleck, das von den neuen Erkenntnissen folgerichtig zum Einsturz gebracht wurde. Markt ist eben viel mehr als das, was dabei herauskommt. Ökonomie geschieht unter Menschen, die sich wahrnehmen und die miteinander handeln wollen. Ökonomie ist nicht die Lehre von der Gestaltung des Menschen nach Zahlengesetzen, sondern die Lehre von Zahlengesetzen und all den anderen Lebenswirklichkeiten des Menschen, die ihn in Handelsbeziehungen treten lassen.

Dem brüderlichen Ideal im franziskanischen Orden ist jede Form der Gestaltung von Beziehungen durch Geld zuwider. Wir leisten uns, finanziell gesehen, unvernünftige Sachen. Wir lassen Menschen auf unsere Kosten studieren, stellen unseren pflegebedürftigen Brüdern genügend Pflegekräfte zur Verfügung, wir haben Gärten, die wir nicht gegen Geld verpachten, wir nutzen Zeit zum Gebet und zur Liturgie, anstatt sie für geldwerte Leistungen einzusetzen. Wir leben heute. Das macht uns freier, als wenn wir ständig zu denken hätten, was wir machen könnten, wenn wir diese oder jene Summe zur Verfügung hätten.

Wir fühlen uns tatsächlich sehr frei. Wir schütteln den Kopf über alle, die bei uns ein rigides System vermuten, das den Einzelnen und seine Bedürfnisse unterdrückt. Davon sehen wir mehr in der Gesellschaft allgemein als bei uns im Orden. Dort glaubte und glaubt man, durch Konzentration auf nur eine Führungsebene und durch die Egalisierung von Strukturen Erfolge haben zu können. Der Kapitalismus steht in dieser Beziehung in einer schrecklichen Weise dem Kommunismus in nichts nach. Die Führung der DDR glaubte, sie könne durch ein Sofa für alle oder gleiche Quadratmeterzahlen aller Wohnungen die absolute Gleichheit erschaffen. Der Kapitalismus versucht es auf einer anderen Ebene mit Fast-Food-Einerlei-Angeboten und Computerbetriebssystemen. Es wird uns suggeriert, wir könnten auf diese Weise überall gleich gut essen und arbeiten. Dahinter steht die Vorstellung, wir könnten eine bessere Welt erschaffen, wenn alle gleich ticken. Die Wahrheit ist, dass die Welt dann ohne Leben wäre.

Allen übergroßen Systemen geht es so wie den Dinosauriern. Werden sie zu groß, können sie sich selbst nicht mehr tragen. Daher nochmal mein Plädoyer für den Mittelstand. Für ein übersichtliches Marktgeschehen. Ich möchte den Schweiß vom Bäcker, den ich kenne, sozusagen in meinen Brötchen schmecken. Dann zahle ich ihm gern den gerechten Preis dafür. Seine belegten Brötchen nehme ich gern, wenn er den Käse dazu aus der heimischen Molkerei bezieht. Aber da beginnt dann das Problem: Auch der vielgerühmte Mittelstand oder die Einzelbäckerei kauft selbst nicht beim Händler am Ort. Sie fahren mit uns auf die grüne Wiese und beklagen sich gleichzeitig, dass keiner zu ihnen ins Geschäft kommt.

Wir brauchen eine brüderliche Ökonomie, der es selbstverständlich ist, dass wir Menschen voneinander abhängig sind. Bin ich nicht gut zu dir, bist du es auch nicht zu mir. Das Geheimnis: Jeder sorge sich darum, dass der andere reich werde. Jeder denke daran, wie er einen anderen arm macht oder zumindest zu seiner Armut beiträgt, wenn er dem Geiztrend folgt. Wir Brüder kaufen deswegen lieber teurer, aber in der Nachbarschaft ein.

Jeder kann an einer Gesellschaft mitbauen, die sich gegen den Trend stemmt, die Armen weltweit als hinzunehmendes Übel zu betrachten. Buchen Sie nicht den billigsten Urlaub. Die Mitmenschen, die sonst zu gering entlohnt werden, danken es Ihnen. (Denken Sie jetzt nicht: Die sind aber schon mit dem wenigen zufrieden, was vom Tisch der Reichen abfällt. Wir reden hier über Ökonomie, und das heißt über gerechte Entlohnung!) Kaufen Sie keine Produkte mit Geizpreisen. Die Arbeiter, die einen gerechten Lohn bekommen sollen, haben anderes verdient. Bevorzugen Sie, was in Ihrer unmittelbaren Umgebung produziert wird. Das Klima und die Produzenten in Ihrem Wohnbereich danken es Ihnen. Es gehört zur brüderlichen Ökonomie, nicht zum Billigpreis Geflügel aus der Gefriertheke zu nehmen, sondern stattdessen frisches vom nahen Geflügelhof zu beziehen – dafür dann vielleicht etwas weniger.

Verantwortung entsteht, wenn wir wieder bereit werden, uns dem Leben zuzuwenden, wie es sich direkt um uns herum abspielt. Jeder hat Verantwortung. Ich verneige mich tief vor jedem, der in der Wirtschaft in Deutschland nach ethischen Prinzipien handelt. Das sind für mich die wahren Sozialarbeiter. Geld ist ja nichts Schlechtes. Wir müssen nur wissen, dass es uns allen zu dienen hat. Ich verurteile auch niemanden, der viel davon verdient. Er sollte es aber deshalb bekommen, weil er viel leistet. Es gibt Gott sei Dank zahlreiche anständige Unternehmer, die bereit sind, lieber einfach zu leben, als etwas zu tun, was sie mit ihrem Gewissen nicht vereinbaren können. Die sind mit Herzblut bei der Sache, leiden und lehnen lukrative Aufträge ab, wenn sie erkennen, dass diese nur zu unanständigen Bedingungen zu erfüllen sind. Es gibt sie noch, die ehrliche Haut.

Sosehr der Druck aus der globalisierten Welt auch auf unserem Markt lastet: Wir verkaufen unsere Seele, wenn wir uns in Roboter verwandeln, die nur noch interessiert, was unterm Strich herauskommt. Ich denke an den Skandal mit dem chinesischen Spielzeug: Niemand ist gezwungen, Spielzeug aus China zu kaufen. Es gibt so viele Behindertenwerkstätten in Deutschland, die ähnliche Produkte anbieten. Man muss nicht bei einem Hersteller in Fernost kaufen. Auch in Deutschland werden Schuhe, T-Shirts und andere Gebrauchswaren hergestellt.

Wer nur spart, um später etwas davon zu haben, spart am falschen Ende. Die Sorge für die Alterssicherung ist sinnvoll. Aber es muss nicht noch eine zweite Lebensversicherung sein und nicht noch eine Goldreserve und noch zwei Wohnungen. Übertriebene Sorge entfernt uns von unseren Mitmenschen. Es hält uns auch von dem Leben ab, das wir heute leben sollen. Lebensqualität kommt nicht erst, wenn wir erreicht haben, was wir uns vorgestellt haben. Letztlich zählt nicht, wie viel man hat. Es zählt, was man hat. Und dass man im Leben jetzt damit etwas anfängt.

16. Der Beichtstuhl

«Das muss jeder selbst wissen.» Oder: Die Schuldverstecker

Wie in jeder katholischen Kirche finden sich auch in unserer Klosterkirche mehrere Beichtstühle. Es sind kleine Kapellchen. In der Mitte ist eine Kammer für den Priester, der sich dort als Leiter des kleinen Gottesdienstes, der hier gefeiert wird, hinsetzt. Rechts und links hat jeder Beichtstuhl eine Tür. Wenn man diese öffnet, kann man sich hinknien und die Tür hinter sich schließen. Weil man dann sehr nah mit seinem Mund am Ohr des Priesters ist, ist ein Gitter mit einem Cellophanpapier als Trennung angebracht. Es dringt auch nicht viel Licht hinein, sodass der Priester im Allgemeinen nicht erkennt, wer zur Beichte kommt.

Der Beichtvorgang selbst ist ein Fest. Das kann sich ein Außenstehender schlecht vorstellen. Denn bei vielen weckt so ein Beichtstuhl unangenehme Gefühle. Man erinnert sich etwa daran, wie man den Eltern, peinlich berührt, eingestand, dass man sie angelogen hat. Oder es kommt einem in den Sinn, wie man in der Schule dastand, wenn der Spickzettel entdeckt worden war. Mancher, das muss man an dieser Stelle auch zugeben, mancher, der katholisch groß geworden ist, erinnert sich auch an Priester im Beichtstuhl, die ihm als Kind eher mit blöden Fragen zugesetzt und das schlechte Gewissen noch gesteigert haben, anstatt es zu entlasten.

Dennoch: Der Beichtstuhl ist nicht in erster Linie eine Art Richterstuhl, zu dem ich als Angeklagter komme. Er ist vielmehr ein Gottesdienstraum, in dem etwas ganz Spezifisches gefeiert wird. Dort geht es um die frohe Botschaft, dass jeder Mensch zur Freiheit berufen ist. Diese entfaltet sich in einer offenen Beziehung zu Gott, zu den Mitmenschen und zu den eigenen Lebenswirklichkeiten. Im Beichtstuhl wird Gott für das Geschenk dieser Freiheit gedankt – und im Danken wird einem klar, wie man sich selbst dieser Freiheit beraubte, indem man sie falsch gebrauchte.

Der Rahmen für diese kleine Feier im Beichtstuhl ist schnell beschrieben. Man macht ein Kreuzzeichen, und der Priester spricht ein Gebet. Es folgen das Sündenbekenntnis des Beichtenden und der Zuspruch des Priesters. Dann streckt dieser die Hand aus und spricht den Beichtenden von seinen Sünden los.

Für den Beichtenden bedeutet die Beichte sehr viel. Er geht zu Jesus und weiß, dass er einfach ganz offen sein darf. Darum bereitet er sich auch vor. Daheim oder in der Kirche überlegt man, wo man die Freiheit nicht richtig eingesetzt hat, welche Lebensmöglichkeiten man einfach aus Selbstsucht, Gewinngier, Neid oder anderen Motiven heraus nicht genutzt hat. Oder eben doch genutzt hat, obwohl man es besser hätte bleibenlassen.

Das hört sich kompliziert an. So genau wollen wir die Wirklichkeit doch gar nicht untersuchen. Warum auch? Es werde schon alles irgendwie gut werden, sagen wir uns. Es kann doch nicht jeder ein Heiliger sein, reden wir uns ein. Die anderen sind ja auch nicht besser. Jeder ist sich selbst der Nächste. Es muss eben jeder selbst wissen, wie und was er will. Jeder ist seines eigenen Glückes Schmied. Man kann sowieso nicht wissen, ob etwas absolut falsch ist. Es kommt immer darauf an, wie man die Dinge interpretiert.

Eine ganze Lawine von Sprüchen kursiert in der Gesellschaft, die ethisch gesehen aus lauter Mimosen besteht: Rühr mich nicht an. Frag mich nicht. Ich weiß schon, was gut und richtig ist.

Wir leiden an einer Verweigerung des ethischen Dialogs. Wir können uns nicht mehr auf Prinzipien einigen, die an sich unumstößlich sind. Alles ist zum Abschuss freigegeben. Oberstes Prinzip: Wenn ich mir vorstelle, dass es richtig ist, dann ist es auch richtig. Alles ist erlaubt, was uns, wie wir zu wissen meinen, endlich eine bessere Welt erreichen lässt, wo wir dann Trost finden für unsere Seele. Diesem scheinbar besseren Morgen wird die Ethik für heute geopfert.

Meine Kapuzinerbrüder im 17. Jahrhundert haben für ein besseres Morgen Frauen zum Scheiterhaufen geführt. Sie sahen sich in der moralischen Pflicht, sie davor zu bewahren, in die Hölle zu kommen. Also unterstützten sie alles, was die Frauen zum Abschwören hätte bringen können. Also befürworteten sie Folter und Scheiterhaufen. Sie meinten auch, sich selbst damit etwas Gutes zu tun: Sie wollten den Trost der Ewigkeit gewinnen als Lohn für ihren «Dienst».

Für uns klingt das alles aberwitzig. Mit dem Willen, die gute Zukunft in der Ewigkeit zu erlangen, waren sie blind für die Gegenwart, und das beileibe nicht als Einzige. In Europa wurden etwa 50 000 Menschen in nur wenigen Jahrzehnten umgebracht, etwa 75 Prozent davon waren Frauen. Meistens geschahen diese Tötungen ohne Zutun der Kirche. Die staatliche Obrigkeit glaubte, sich und dem Volk damit einen Dienst zu tun. In einigen katholischen Fürstenbistümern, in denen unter anderem auch die Kapuziner wirkten, muss jedoch ganz klar von der Mitschuld der Kirche gesprochen werden.

Kaum vorstellbar für heutige Verhältnisse. Wirklich? Mich lehrt dieses Beispiel, die Welt, in der wir leben, demütiger zu betrachten. Denn eines hat sich im Gegensatz zum Mittelalter tatsächlich geändert: Statt des Willens, die Ewigkeit zu erlangen, steht heute für uns eher die persönliche Zukunft im irdischen Leben im Vordergrund. Wir denken an morgen. Und jede Vorstellung, dass es uns da schlechter gehen könnte, macht uns Menschen heute blind gegenüber der Wirklichkeit. In unserer Mitte werden jährlich etwa 120 000 Kinder im Mutterschoß getötet. Werdende Väter und Mütter wollen damit sicher etwas Gutes erreichen. Sie möchten nicht, dass ihr Kind in die Hölle dieser Welt kommt. Sie möchten auch vermeiden, dass das Leben für sie selbst zur Hölle wird. Man hatte ja für morgen ganz anders geplant Kind, du störst! Du machst mir meine Zukunft kaputt. Wie lautete noch der alte APO-Spruch? Macht kaputt, was euch kaputt macht. Einwände werden mit der Formel zurückgewiesen: Das ist Privatsache.

Aber das alles geschieht ja nicht privat. Die Tötungen der Leibesfrucht werden auf Kosten der Krankenkasse durchgeführt. Dieselbe Krankenkasse hat leider gute Chancen, einige Jahre später aufwendige Therapien für die Behandlung eines Post Abortio Syndroms bezahlen zu müssen. David M. Fergusson von der Universität von Otago (Department Christchurch Health and Development Study) konnte durch eine Studie die weit verbreitete Auffassung widerlegen, wonach eine Abtreibung für eine Frau kaum psychische Nebenwirkungen habe. Dabei, so der Wissenschaftler, handle es sich um ein traumatisches Ereignis. Es sei ein Skandal, schreibt er in einer amerikanischen Zeitschrift für Kinderpsychologie und -psychiatrie, dass die psychischen Folgen eines chirurgischen Eingriffs, der in Amerika bei jeder zehnten Frau durchgeführt werde, bislang kaum Beachtung gefunden hätten. Fergusson tritt dafür ein, dass man angesichts der Spätfolgen von Abtreibungen bei Frauen eine Kosten-Nutzen-Rechnung anstellen müsse, und erklärt, wie die Gesundheitssysteme belastet würden. Ich möchte noch hinzufügen, dass ärztliche Standesethik hier besonders gefragt ist. Die Verantwortlichen dürfen sich nicht mehr für Herrschende instrumentalisieren lassen, in diesem Fall für die herrschende Meinung, das alles sei doch nicht so schlimm.

Damit mich keiner missversteht: Für jeden Vater, für jede Mutter, die sich zur Tötung entschließen, habe ich schmerzliches Verständnis. Ich weiß, dass sie oft keinen anderen Weg wissen. Und wenn sie einen Weg gewiesen bekommen, sind es Angehörige, Freunde und sonstige Ratgeber, die in dunkelsten Farben die Hölle ausmalen, die auf sie wartet, wenn das Kind geboren werden würde. Was sollen da junge und auch ältere werdende Eltern anderes tun, als den Beginn ihres eigenen Lebens durch eine Abtreibung erneut aufzuschieben, statt mit dem werdenden Leben in ihrer Mitte schon jetzt damit anzufangen?

Mit dem Ende des Lebens sieht es ebenso bitter aus: Wir legen unsere Alten auf Pflegestationen und lassen jeweils 40 von ihnen durch zwei Altenpflegerinnen betreuen. Wir wollen ja eine schöne Zukunft haben, darum dürfen auch unsere Alten nichts kosten. Ich bin sicher, dass spätere Generationen über uns den Kopf schütteln werden, wenn sie in Betracht ziehen, für wie kulturell wir uns hielten. Man wird uns in 100 Jahren zu Barbaren erklären, dass wir pro Jahr so viele ungeborene Menschen im Namen der Freiheit von Mann, und vor allem von Frau, in den Mülleimer geworfen haben. Man wird nicht verstehen, dass es dabei um die Wahrung der persönlichen Zukunft und das Recht auf Selbstentfaltung ging. Ebenso wird man schockiert sein, wie wir die Alten in ihrem Kot und Urin zu lange haben liegen lassen und dass wir Altenpflegerinnen so schlecht bezahlten. Es wird ihnen auch unerklärlich sein, dass wir uns ein Zweiklassengesundheitssystem erlaubten.

Sie werden uns die neuen Mauern an der Straße von Gibraltar zur Abwehr von Flüchtlingen vorhalten, auch die zwischen Israel und Palästina, zwischen den USA und Mexiko. Und die Handelsbeschränkungen, mit denen die Reichen den Armen die Nahrungsmittel dieser Erde vorenthalten – obwohl genügend davon in jedem Jahr von der Erde hervorgebracht werden.

Man wird uns nicht verstehen, auch wenn wir dafür die besten Gründe ins Feld führen werden. Wir sind natürlich barbarisch aus gutem Grund. Hat man die falschen Voraussetzungen, handelt man auch falsch. Wenn man lange genug sagt, dass die schöne Zukunft der Erde von Terroristen bedroht sei, halten es am Ende alle für richtig, in den Irak einzufallen und einen Krieg anzuzetteln, der schon jetzt mehr Opfer gekostet hat als alle Terroranschläge dieser Welt zusammen.

Die Vertröstungsstrategie funktioniert immer: Wir müssen jetzt ein wenig Krieg machen – als wenn das ginge –, damit wir später Ruhe haben. Es ist leider jetzt nötig, die Kosten im Pflegebereich zu senken, damit wir später keine Probleme bekommen. Wir können unser Kind jetzt nicht gebrauchen, weil wir uns ja gerade auf die Zeit vorbereiten müssen, in der wir eins wollen. Zu diesen Aussagen ist auch ein Schweigen der Gesellschaft mitverordnet. Man hat das alles hinzunehmen. Wer anfragt, verliert. Wer anmahnt, kann sich bald neue Freunde suchen. Wer demonstriert, gilt als Spielverderber.

Für Franziskus war es klar, dass man kräftig danebenliegen kann. In einem Regeltext schreibt er: «Wenn sich aber irgendwo unter den Brüdern ein Bruder fände, der fleischlich und nicht geistlich wandeln wollte, dann sollen die Brüder, mit denen er zusammen ist, ihn in Demut und Sorgfalt ermahnen, ihn aufmerksam machen und zur Rede stellen. Wenn nun jener sich nach dreimaliger Ermahnung nicht bessern wollte, dann sollen sie ihn so bald wie möglich zu seinem Minister und Diener schicken oder ihn demselben anzeigen. Und der Minister und Diener soll so mit ihm verfahren, wie er es vor Gott am besten erachtet.»

Wohlgemerkt, es geht nicht um eine Straftat, sondern um Kritik am Lebenswandel. Wir können mit unseren Ansichten danebenliegen. Wir müssen uns deswegen vorbereiten, kritisiert zu werden. Es geht die Welt nicht unter, wenn mich einer mal in Frage stellt. Oder überhaupt eine Frage stellt. Was ich mache, geht eben nicht nur mich etwas an. Es sind immer alle anderen mit betroffen.

Dieser brüderliche Dialog, der auch ein moralisches Urteil nicht scheut, ist dringend notwendig. Wie würde sich Deutschland schon zum Besseren verändern, wenn endlich mal echte Fragen gestellt werden dürften. Was für eine fröhliche Aufregung gäbe es in unserem Land, wenn die Fragen des Lebens und des Überlebens bis in die Mitte der Gesellschaft vordringen würden? Darf man wirklich alle Trisomie-23-Föten abtreiben? Ist es richtig, dass wir Wasser trinken, das über 1500 Kilometer Landweg hinter sich hat? Warum spart man nicht an Polizei und Militär und stattet stattdessen die Schulen personell besser aus? Ist es richtig, dass in den Kiosken in der Nähe von Schulen auch Hefte der Nacktbilderindustrie hängen?

Das richtige Handeln fängt heute an. Und jeder ist verpflichtet, nach rechts und links zu schauen. Das sind die Menschen, für die wir Menschen sind. Keiner kann sich von der Pflicht lossagen, hier und jetzt etwas zu tun oder zu lassen. Folgen hat beides. Wenn du dich nicht aktiv entscheidest, dann wird für dich entschieden. Diese Tatsache kann zu einem bösen Erwachen führen. Im Sprechzimmer passiert es mir häufiger, dass 35-Jährige zum Gespräch kommen, die dachten, das ganze Leben läge noch vor ihnen. Nun merken sie plötzlich, dass es schon hinter ihnen liegt. Es gibt ein Zu-spät. Deswegen müssen wir wach sein. Es stimmt immer wieder: Das Leben findet heute statt.

Heute machen wir die Fehler, die wir uns später vermutlich nicht mehr verzeihen können. Darum ist es wichtig, dass wir nach Gesprächsformen suchen, in denen wir unser Leben überprüfen. Im Kloster gibt es dafür die geistliche Begleitung. Man sucht sich außerhalb der eigenen Gemeinschaft einen Begleiter, mit dem man alle sechs Wochen seine Situation im Leben bespricht. In sozialen Berufen ist Supervision üblich geworden, damit die eigene Arbeit besser überblickt werden kann.

Wir brauchen in Deutschland eine neue Demut. Franziskus von Assisi hielt dieses mittlerweile selten gebrauchte Wort für einen Schlüsselbegriff. Dazu gehört auch die Brüderlichkeit. Beide wollen hellsichtig machen. Wenn der eine sich nicht über den anderen erheben will, kann der Dialog beginnen. Wir sprechen dann über Fehler. Wir suchen nach Lösungen. Wir hören endlich auf, die Situation zu beschönigen. Wir beginnen zu begreifen, dass Schuld keine Privatsache ist. Wir lernen, uns mit dem Bekenntnis von Sünden in ein gutes Licht zu stellen. Es ist das Signal für den Anfang einer neuen Kommunikation.

Schuld kann nur benannt werden, wenn man sich wirklich angenommen weiß. Sobald wir uns einander als Menschen begreifen, die in ein sinnvolles Ganzes eingebettet sind, werden wir auch darauf kommen, dass wir nicht bis morgen warten müssen, um gut zu leben. Die Wahrheit ist, dass diese Welt ein sinnvolles Woher hat, ein gewolltes Woher, ein mit Absicht erfülltes Woher. Der heilige Bonaventura als Nachfolger des heiligen Franziskus im Amt des Generaloberen des Ordens benennt diese Absicht. Als Professor in Paris antwortete er auf die Frage, warum Gott die Welt geschaffen habe: «Deus vult condeligentes – Gott will Mitliebende.»

Schuld wäre demnach, nicht mitlieben zu wollen. Sich selbst gute Aussichten verschaffen zu wollen, anstatt den guten Aussichten zu trauen, die Gott für die Welt hat. Sie ist aus der Freude Gottes an sich selbst entstanden. Franziskus erkennt ganz neu, was die Rede von Vater und Sohn und Heiligem Geist bedeutet: In Gott ist ein ewiger Beziehungsreichtum. Daraus tanzt die Welt als Kreatur heraus. Ihr einziger Sinn: Gott zurückzulieben.

Schuld darf man zeigen, weil sie eine Störung im Prozess des Zurückliebens ist. Sünde, so könnte man sagen, ist die Unterbrechung des Flusses der Liebe. Radikal unterbrochen, so sehen es die Christen, als die Menschen, oder nennen wir es ruhig deutlicher: als wir Menschen Jesus mit unserer selbstbezogenen Überlebensstrategie ans Kreuz brachten. Denn bis heute sind die Anfragen Jesu an das Leben der Menschen provokant.

Radikal wurde der Liebesstrom wieder eingesetzt, als Gott, so bekennen wir Kapuziner es als Christen, ihn auferweckte, damit von da an eine menschliche Liebeskraft dauerhaft die Welt durchströmt und nie mehr unterbrochen werden kann.

Wir dürfen einander sagen, dass wir uns nicht immer im Griff haben. Es wird viel Kraft frei, wenn wir dem anderen nicht mehr ständig beweisen müssen, dass wir vertrauenswürdig sind. Ein Chef, der Fehler zugibt, steigt im Ansehen seiner Mitarbeiter. Seine Autorität wächst weiter, wenn er es zulässt, dass auch sie ihn kritisieren dürfen. Er muss nicht alles selbst wissen. Er wird viel mehr von seinem Betrieb sehen, wenn er ihn mit der Haltung leitet, dass er blinde Flecken in der Wahrnehmung hat und deswegen auf Hinweise angewiesen ist.

Genau das ist mit dem Selbstvertrauen des Heiligen gemeint. Er zehrt von dem Vertrauen, das Gott zu ihm hat. Seine Einstellung: Aus mir bin ich nichts. Aber aus Gott bin ich alles. Und für ihn bin ich alles.

Wer mit der Schuld umgehen lernen will, kann sich erinnern, wie es die Heiligen getan haben: Sie haben ihr Haupt mit Asche bedeckt. Das war ihnen wichtig. Sie wollten sich und anderen zeigen: Wir haben uns nicht selbst ins Dasein gerufen. Wir sind aus Erde gemacht. Unsere Gedanken, Fähigkeiten, Neigungen fanden wir vor. Das alles ist uns gegeben als Gabe, die verpflichtet. Unsere Aufgabe ist es, zu entwickeln, was uns geschenkt ist. Wir sind uns selbst geschenkt. Wer das in Demut anerkennt, stellt keine großen Ansprüche ans Leben. Der wird hellwach, wie er heute mit dem, was da ist, etwas tun kann. Er wird bescheiden seine Möglichkeiten erkennen und sie im Blick auf seine Nächsten und auf Gott einsetzen. Die realistische Einschätzung der eigenen Situation ist die Voraussetzung, Schuld akzeptieren zu können. Es ist ein völliger Blödsinn zu sagen: Ich muss mich entscheiden, was ich sein will. Ich muss mich nicht entscheiden, sondern ich muss anerkennen, was ich schon längst bin: «Ich bin ja dein Knecht, der Sohn deiner Magd, ein schwacher Mensch, dessen Leben nur kurz ist, und gering ist meine Einsicht in Recht und Gesetz.» (Weish 9,5)

Solche Worte aus der Bibel hören sich für den Außenstehenden deprimierend an. Sie sind aber voller Lebensenergie: Wenn man begreift, dass man ein begrenztes Geschöpf ist, dann rechnet man mit Fehlern. Dann wird man lernfähig. Dann muss man sich nicht stolz gegen alle Kritik abschotten. Man wird fähig für die Moral. Diese philosophische Lehre von Gut und Böse wird häufig herbeizitiert. Nur wird dabei oft übersehen, dass sie eine Voraussetzung hat: Wer ethisch entscheiden will, muss demütig sein. Er muss sein Knie vor den Werten beugen, die ihm vorgegeben sind.

Das fällt uns schwer. Wir lassen uns nicht gern etwas vorsetzen. Damit wir aber entscheiden können, was wir wählen wollen und was nicht, brauchen wir Kriterien, die ohne unser Zutun für unsere Entscheidungen tauglich sind. Wir müssen ja nichts. Der Mensch ist nicht kontingent. Der Mensch ist nicht die notwendige Folge von irgendetwas. Sie müssen nicht einen, der Ihnen auf die eine Wange schlägt, auf die andere zurückhauen. Das müssen Sie wirklich nicht. Sie können ihm auch die andere hinhalten. Der Mensch hat die Freiheit. Bei ihm folgt nicht automatisch das eine aus dem anderen. Da er nicht instinktgebunden ist, braucht der Mensch Orientierungspunkte für sein Handeln. Das sind die Werte, die es ihm ermöglichen, seine Freiheit zu entfalten – im Dürfen, im Entdecken des Gesollten, im Entdecken dessen, was sich ihm im Gewissen erschließt. Darin ist er wirklich frei. Aber nur dann, wenn er das Gewissen wirklich geschult hat in dem, was gut und richtig ist. Der falsche Gewissensspruch ist nicht Verwirklichung der Freiheit, sondern der Anfang der Hölle.

Der moralische Mensch unterwirft sich dem Guten, richtet sich danach aus und nimmt auch den persönlichen Nachteil in Kauf, der damit einhergehen kann. Er hat ein Selbstvertrauen, das letztlich Gottesvertrauen ist. Es manifestiert sich in einem fast grenzenlosen Vertrauen zu seinen Nächsten in der Gegenwart. Er lässt sich in Frage stellen und sucht in Verbundenheit mit den anderen, was heute in Respekt vor den Werten zu tun ist.

17. Die Gästezimmer

«Ich hab genug mit mir selbst zu tun.» Oder: Raus aus dem Hamsterrad

Wer uns besucht, erhält ein Gästezimmer. Wie Sie hier sehen, gibt es darin ein Waschbecken, ein Bett, einen Schrank und einen kleinen Schreibtisch. Die einfache Einrichtung dient dazu, unseren Gästen die Konzentration auf das Wesentliche zu ermöglichen. Es steht dort kein Telefon. Wer zu uns kommt, will ja ungestört sein. Manchmal müssen wir den Besucher fast noch ermahnen, doch bitte das Handy nicht zu benutzen. Oder den Laptop. Oder den MP3-Player. Oder das Handy.

Die Taschen sind voll davon. Bei der Sicherheitskontrolle am Flughafen immer dieselbe Bewegung: Hemdtasche, Hosentasche, Gesäßtasche – was da noch alles zum Vorschein kommt an technischen Kleinigkeiten! Mit ihnen seien wir untereinander vernetzt, heißt es. In Wirklichkeit verlieren wir den Überblick darüber, und oft ist trotzdem kein Anschluss mehr frei für einen Mitmenschen, der sich wirklich mit uns verbinden will.

Die kleinen Dinger sind wie Dämonen, die uns ins Ohr flüstern: Nimm noch. Hol noch mehr. Du kannst noch viel bekommen. Verpass nur nichts. Sie sorgen dafür, dass wir ständig mit etwas anderem beschäftigt sind als mit dem, was wir gerade tun. Von überall her erreicht uns ein An-Ruf, ein An-Spruch. Statt im Hier und Heute zu leben, reißen uns all die unterschiedlichen Forderungen ständig fort in ein Morgen oder ein Anderswo. Trotzdem haben wir den Eindruck, wir stünden im Mittelpunkt der Welt. Wir erzählen stolz, wie viele E-Mails wir erhalten: Manche lassen sich sogar von Freunden während eines Meetings anrufen, damit die anderen sehen, wie beschäftigt sie sind. Der Terminkalender kann nicht voll genug werden. Die neueste Musik vom Player ertönt dazu.

Unsere Gäste staunen schon nach wenigen Stunden, wie anders es ist, in der Geborgenheit des Klosters zu leben. Sie kommen aus einer Welt, in der jeder vor allem mit sich selbst beschäftigt ist. Jeder muss sich in allem auskennen. Zu allem etwas zu sagen haben. Jeder sorgt sich darum, ja nicht aufzufallen. Das Motto: Wenn jeder an sich selbst denkt, ist auch an jeden gedacht.

Da ist die Atmosphäre in einer Gemeinschaft von Männern, die aus der Gegenwart der Fülle lebt und nicht nach einer solchen Art von Erfüllung jagt, ganz anders. Sie weckt schon nach einigen Stunden in unseren Gästen die Erinnerung an das eigene Vermögen im Sinn von: Das vermag ich doch auch! Aber es ist dann gar nicht so einfach, die eigene Fiebrigkeit in der Hetze der Zeit abzukühlen. Auch wenn jeder sich noch sehr um sich selbst dreht: Wenn alle das tun, kann der Einzelne nicht so einfach aufhören. Wenn sich alle an den Klimawandel Richtung Ego gewöhnt haben, ist der Ausstieg aus der Energie der Selbstsucht gar nicht so leicht.

Jahrelang wurde auf allen Kanälen die Egoleier gedreht, gerade in den Betroffenheitstalkshows. So wurde die Blickverengung auf das Persönliche gesellschaftsfähig. Sie lässt nur noch gelten, was das Ich fühlt, sieht oder wünscht. Klar, dass dabei auch Gott unter die Räder kam. Er könnte ja anderes von mir wünschen oder mir eine andere Sichtweise der Dinge ermöglichen. So wird Gott eine Nebenrolle zugewiesen. Er hat so lange im Hintergrund zu bleiben, bis das Ich ihn aufruft. Weich und wohlig hat er dann zu tun, was dem Ich dient. Sprachlos blieb ich an einem Abend, an dem ich im Gespräch mit einigen jungen Männern der Finanzszene in Frankfurt am Main hörte: «Sie glauben an Gott, Bruder Paulus? Bitte schön. Wenn es Ihnen guttut.»

Damit war das Gespräch zu Ende. Wenn Gott auf die Ebene der subjektiven Befindlichkeit geholt wird, ist auch noch das letzte Tabu gebrochen. Dann ist Gott wirklich tot. Aber auch die Kommunikation der Menschen untereinander. Es gibt nichts mehr, worüber man streiten könnte, wenn man nicht einmal mehr über die Existenz Gottes diskutiert. Es gibt auch keine Werte mehr: Wenn es mir guttut, bin ich gerecht. Wenn es mir nicht guttut, dann bin ich es eben nicht. Oder: Wenn es mir guttut, dann bin ich treu. Wenn es mir nicht mehr guttut, dann suche ich mir was Neues.

In einer Welt, in der jeder persönliche Standpunkt zum absoluten Standpunkt wird, kann man seines eigenen Lebens nicht mehr sicher sein. Falls es passt, wird auf einen anderen eingeschlagen. Oder man wird ihm zum Selbstmord verhelfen, weil einem das Mittragen von Leid nicht mehr guttut. Wir fragen nicht mehr: Wie ist das Wetter? Sondern: Wie ist das Wetter für dich? Es entsteht keine Diskussion mehr darüber, ob die Oper gut war, sondern nur noch darüber, wie sie für mich, für dich, für uns oder für den Kritiker war. Alle Kriterien des Lebens verschwinden hinter dem Totschlagargument: Für mich ist das aber nicht so. Basta.

Die Aggression, die dahintersteckt, ist unüberhörbar. Rühr mich nicht an. Lass mich in Ruhe. Die Motivation ist auch klar: Ich bin gerade dabei, meine Welt aufzubauen und es mir für morgen so richtig schön einzurichten, wie es mir gefällt. Wie es mir guttut. Störe meine Kreise bitte nicht.

Wer so redet, ist für die Gesellschaft tot. Er ist auch selbst schon tot, weil er nichts und niemanden an sich heranlässt. Im Namen dessen, was für ihn positiv ist, tut er sich Böses an. Im Namen der Freiheit beraubt er sich des schönsten Geschenks der Freiheit an uns Menschen: dass wir umdenken können. Dass wir es anders machen können. Dass wir Fehler wiedergutmachen können. Dass wir Ideen aufgreifen können. Dass wir heute mit dem Leben anfangen können, von dem wir gestern noch keine Ahnung hatten. Wer sagt, er tue nur, was ihm guttut, muss sich fragen lassen, woher er die Kriterien nimmt, die ihn sicher sein lassen, dass es ihm wirklich guttut. Gefühl? Geld? Bequemlichkeit?

Statt zu fragen: Wie ist das wirklich?, heißt die Frage: Wie ist das für dich? Solange man in der Suchbewegung ist, mag das noch angehen. Wir Menschen können ja ganz aufgeregt werden, wenn es darum geht, einer Fragestellung alle Antwortmöglichkeiten abzuringen. Da braucht es einen intensiven Austausch, der jedem die Möglichkeit gibt, alles zu sagen, was er aus seiner Perspektive sieht. Der amerikanische Psychologe Carl R. Rogers hat das Eingehen auf diese persönliche Sichtweise zu einem therapeutischen Weg ausgebaut. Ab 1942 arbeitete er «klientenzentriert». Die Gründe, warum er das tat, hat er in eine eigene Persönlichkeitstheorie einfließen lassen. Er bezeichnete sie als explizit «personenzentriert». Nach Deutschland kam dieses Konstrukt durch Reinhard Tausch, der sie für unseren Sprachraum weiterentwickelte.

Rogers ging davon aus, dass eine wirksame Beratung eine eindeutig strukturierte Beziehung brauche, die dem Klienten gewähre, alle Gefühle und Gedanken auszudrücken. So kann er zu einem Verständnis seiner selbst in einem Ausmaß gelangen, das ihn befähigt, aufgrund dieser erweiterten Orientierung positive Schritte zu unternehmen.

Der Therapeut spricht in der Begegnung mit seinem Klienten Gefühle an, die unterschwellig auftauchen. Er tritt ihnen mit positiver Wertschätzung und emotionaler Wärme entgegen, verhält sich echt und ungekünstelt. Er ist davon überzeugt, dass der Klient fähig ist, sich in konstruktiver Weise zu entwickeln. Es geht darum, Bedingungen herzustellen, die dieses Entwicklungspotenzial aktivieren. Dafür ist eine psychotherapeutische Situation gut geeignet. Eine Stunde lang begegnen sich Therapeut und Klient als Personen, die einander akzeptieren und sich gegenseitig in das Problem einfühlen. Da darf alles sein. Da darf alles ausgesprochen werden. Da darf jedes Thema angesprochen und jedes Gefühl ausgedrückt werden.

Die systematische Verwirklichung dieser Therapiesituation setzt nach Rogers einen therapeutischen Prozess in Gang. Dem Klienten werden zunehmend Gefühle und Erfahrungen bewusst, die ihm in der Vergangenheit nicht zugänglich waren oder die er nur verzerrt wahrnehmen konnte, da er sie nicht mit seiner Vorstellung über sich selbst in Einklang bringen konnte. Ziel der klientenzentrierten Psychotherapie oder Beratung ist es, diesen inneren Konflikt, an dem der Klient leidet, aufzulösen. Er wird schrittweise dahin geführt, Gefühle und Erfahrungen als seine eigenen zu erleben. Er wird fähig, statt Bewertungen von außen zu erleiden, sich selbst als Ort seiner eigenen Bewertung anzunehmen.

Das alles geschieht in speziellen Therapiestunden. Rogers betont, dass die therapeutische Beziehung nicht die Veränderung vorbereitet, sondern selbst Veränderung sei. Ein entscheidendes Kennzeichen des personenzentrierten Ansatzes ist, dass der Klient wahrzunehmen lernt, was ihn bestimmt, um zu entscheiden, ob er sich davon wirklich bestimmen lassen will.

In dieser Therapieform kommen dann Sätze vor, die dort

auch sinnvoll sind: Wie ist das für dich? Oder: Versuch einmal zu sagen: Für mich ist das jetzt grün. Auch wenn der Klient etwas Rotes sieht, darf er im Rahmen der Übung sagen: Für mich ist das grün. Der Therapeut wiederum ist gehalten, ihm nicht zu widersprechen, sondern eher etwas zu äußern wie: Aha, für dich ist es grün. Mittlerweile ist es wissenschaftlich belegt, dass solche Trainingsstunden dazu führen, dass Menschen deutlicher wahrnehmen, warum sie etwas Rotes für grün halten. Manchmal entscheiden sie sich dann, die Herrschaft der eigenen Perspektive abzuschütteln und den Tatsachen ins Auge zu sehen.

Ich kann mich noch gut erinnern, wie uns in den ersten Kursen, die ich selbst belegt hatte, um mich in dieser Weise weiterzuentwickeln, die Therapeuten gewarnt haben: Bitte nichts in den Alltag übertragen. Dort geht es nicht darum, ständig einander zu sagen, wie man es selbst sieht. Dort muss man weiterkommen und zu der Wahrheit vordringen, wie die Dinge nun wirklich stehen. Diese Warnung habe ich mir gut gemerkt. Im wirklichen Leben ist nicht alles eitel Sonnenschein wie auf der therapeutischen Spielwiese, für die übrigens ein nicht geringes Eintrittsgeld zu zahlen ist. Ich habe kein Recht darauf, dass mich alle unentwegt bestätigen. Beispielsweise mit «Hmm, wenn das so ist für dich!». Oder: «Ich sehe es zwar anders, aber wenn du es so siehst: Das kann ich auch so stehenlassen!»

Was sich so tolerant anhört, ist nichts anderes als der soziale Tod. Wir kommen keinen Schritt weiter, wenn wir einander nur noch sagen, was wir vom anderen verstanden haben. So wichtig es auch ist, sein Anliegen zu verstehen, so sehr braucht er mich auch als Gegenüber, an dem er bemessen kann, ob er Recht hat, ob er der Wahrheit nahe ist, ob wirklich das Sache ist, was er für Sache hält.

Wenn es um rein sachlichen Informationsaustausch geht,

darf die Frage: «Ist es nicht wichtig, dem Klimaschutz mehr Vorrang zu geben?», nicht abgeschmettert werden mit der Totschlagentgegnung: «Wenn das für Sie nötig ist, können Sie sich ja darum kümmern.» Falls jemand kritisiert wird und eine Stellungnahme von ihm mit den Worten «Ich finde, Sie haben sich hier nicht richtig verhalten! Können Sie mir das mal bitte schön erklären!», verlangt wird, ist eine Bemerkung wie: «Wenn es für Sie nicht okay war, nehme ich das gern an. Aus meiner Sicht war das richtig!», eher unpassend.

Gerade hier, beim Haltepunkt «Gästezimmer», erinnere ich mich an Menschen, die zu uns kamen, weil sie müde geworden waren, immer selbst sagen zu müssen, was für sie richtig sei. Sie wollen endlich finden, was wirklich korrekt und damit Richtschnur ist. Sie sind müde geworden, selbst bestimmen zu müssen, was ihnen guttut. Sie möchten entdecken, auf was sie selbst nicht kommen. Sie sind erstarrt in ihrer Welt, in der sie alles haben und sich doch so leer fühlen. Sie möchten Gäste im Kloster sein: bei Männern, die offensichtlich einem Anspruch genügen, der eine Freiheit schenkt, die wirklich neue Perspektiven bereitet. Das Kind, das in der Blütezeit der antiautoritären Erziehungsstile im Kinderladen fragte: «Muss ich schon wieder spielen, was ich will?», ist groß geworden. Jetzt fragt der Erwachsene: «Muss ich schon wieder denken, was ich will?» Und weil es nie sicher ist, ob es auch stimmt, was man denkt, und weil jeder, den man fragt, sagt, es sei seine Sache, rennen alle in ihrer eigenen Welt hin und her und suchen und suchen und drehen sich dabei oft im Kreis. Vielleicht ist das Markenzeichen der Zeitgenossen, ihre ständige Bewegung, nur Ausdruck ihrer inneren Wahrheit: Sie rennen. Ja. Aber im Hamsterrad.

In einem der wenigen Briefe, die wir von Franziskus von Assisi noch haben, schreibt er seinem Freund und Bruder nach einem Gespräch wohl über die Gemeinschaft, in der Bruder Leo mit einigen Brüdern lebt, einige Zeilen, die unsere Haltung bestimmen, wenn wir Gäste aufnehmen: «Bruder Leo, dein Bruder Franziskus wünscht dir Heil und Frieden. So sage ich dir, mein Sohn, wie eine Mutter, weil ich alle Worte, die wir auf dem Wege gesprochen haben, kurz in diesem Wort unterbringe, und rate dir: Auf welche Weise auch immer es dir besser erscheint, Gott, dem Herrn, zu gefallen und seinen Fußspuren und seiner Armut zu folgen, so tu es mit dem Segen Gottes, des Herrn, und mit dem Gehorsam gegen mich. Und wenn es dir notwendig ist, um deiner Seele oder deines sonstigen Trostes willen zu mir zu kommen, und wenn du zu mir kommen willst, Leo, so komm.»

Die zärtliche Zuwendung, die aus diesen Zeilen spricht, ist die Grundlage für eine klare Weisung: Es gibt den Anspruch und Maßstab des Evangeliums vom armen Jesus. Dorthin soll sich Leo mit seiner Gemeinschaft entwickeln. Und es gibt die offene Tür zu Franziskus hin, der sich in diesen Zeilen bereit erklärt, auch weiter die Suche der Seele von Bruder Leo nach der rechten Umsetzung des Nachfolgeauftrags zu begleiten. Franziskus bewegt sich in seiner Kommunikation immer in dem Dreieck: Franziskus – Gottes Anspruch – Bruder. Für ihn ist es klar, dass jeder Mensch eine Berufung hat, der er zu entsprechen hat. Sie zu entdecken macht das Leben spannend. Denn auch nachdem man Grundentscheidungen getroffen hat, ergeben sich im Heute immer neue Situationen, die einen neuen Anspruch an mich richten und auf der Grundlage vorheriger Entscheidungen viele kleine, neue Entscheidungen fordern. Das brüderliche Band in der Gemeinschaft gibt die Kraft, sich nicht vor dem Heute zu fürchten. Leben heißt ja nicht, alles so zu machen, wie es bisher gemacht wurde. Leben ist auch nicht der ständige Versuch, die Welt dem Entwurf ähnlich zu gestalten, den man sich von ihr gemacht hat. Leben ist eher das Gespräch mit Menschen, die einen ohne Hintergedanken annehmen als Schwester und Bruder. Mit ihnen nehme ich Freud und Leid auf dem Weg in Empfang, wissend, dass mich mein Leben zu einem Ziel führt, das mir noch nicht enthüllt ist.

«Wir sind nur Gast auf Erden/Und wandern ohne Ruh/Mit mancherlei Beschwerden/Der ewigen Heimat zu.» Diese Zeilen aus einem beliebten christlichen Lied bringen es auf den Punkt: Hier ist nirgendwo ein Bleiben möglich. Genauso wenig ist irgendwo hier ein Leben, das absolut in Ordnung ist. Wir haben uns nicht selbst erfunden. Wir müssen uns nicht selbst erfinden. Wir sind auch nicht die Besitzer dieser Welt und nicht die Besitzer unseres Lebens. Der Chromosomensatz ist kein Ausweis für unsere Berechtigung, im Welthaus zu aasen wie die Geier. Wir sind nur Gast auf Erden. Keiner darf hier tun, als sei er der Gastgeber. Keiner darf sich so sehr zum Mittelpunkt machen, dass er am Ende nur noch mit sich selbst zu tun hat.

Der beste Weg dahin ist der regelmäßige Blick über den Tellerrand. In unseren Gemeinschaften lesen wir bei Tisch aus den Texten der Vergangenheit. Wir lassen uns von der Kraft unserer Vorfahren inspirieren. Ihr Vermächtnis ist uns eine Verpflichtung. Die Geschichte ist eine Quelle, die uns immer wieder Motive gibt, nach den Erfordernissen der heutigen Zeit zu suchen. In diesem Sinn könnte sich jeder im Tages- oder Wochenablauf Zeiten der Erinnerung einrichten. Manche haben ein Bild aus den Kindheitstagen an die Zimmerwand gehängt. Es gibt alte Briefe und Tagebuchaufzeichnungen, die einem von der eigenen Herkunft erzählen. Wir sind ja nicht aus dem Himmel auf die Erde gefallen. Je mehr wir uns unserer Herkunft bewusst werden, desto mehr wissen wir auch, dass wir so, wie wir heute leben, die Gegenwart prägen. Darum ist die Bewährung im Augenblick so wichtig. Die Welt wird weniger durch große Ideen verändert, sondern mehr durch einfache, aber entschiedene Taten. Globales Denken fängt vor der eigenen Haustür an. Niemand ist so klein, dass er nicht schon heute anfangen könnte, umzudenken. Jeden Tag. Bis zum Tod.

Der Tod greift ungefragt ins Leben ein. An den Tod braucht keiner zu glauben. Er ist eine Tatsache, die wir allerdings persönlich ausblenden können. Die Evolution ist da gnädig mit uns gewesen, könnte man mit einem leichten Augenzwinkern sagen: Wir sollten nicht denken, dass wir einmal nicht da waren und dass wir einmal nicht mehr da sein werden. Die Gewissheit des Todes ist die Gewissheit, dass das Aufschieben guter Ideen, guter Taten oder guter Worte nicht unendlich geht. Die Grenze des Todes wird gezogen werden. Die Zukunft für den Einzelnen steht schon fest. Es wäre gut, wenn wir uns im Tod als würdige Gäste auf Erden erwiesen hätten. Und ein guter Gast weiß Gastfreundschaft zu schätzen, kümmert sich um den Gastgeber und respektiert die Grenzen, die im Haus vom Eigentümer gezogen werden. Seine Gegenwart ermöglicht es, gelassen jeden Tag neu anzupacken. Man muss sich nicht um alles kümmern. Es wird für einen gesorgt.

Den Tod haben die Kapuziner deswegen als Bruder sehr lieb gewonnen. Auf den Uhren steht die Erinnerung: Una ultima. Eine Stunde wird die letzte sein. Das Leben ist viel zu kurz, um lange zu zögern mit den notwendigen Schritten. Das Carpe Diem – das Nutze den Tag – der alten Römer ist aktueller denn je!

Im Kapuzinerkloster an der Via Veneto in Rom wird das den Besuchern drastisch vor Augen geführt. Wenn man von der Villa Borghese die Prachtstraße hinuntergegangen ist, vorbei an den Boutiquen, die ihre teuren Waren präsentieren, lohnt sich ein Besuch in der Gruft der Brüder, in die man jahrhundertelang die sterblichen Überreste dieser Männer zur Beisetzung getragen hat. In der Mitte des 18. Jahrhunderts wurde sie zum Gebets- und Meditationsort der Kapuziner. Sie stiegen jeden Abend vor der Nachtruhe hinunter, um mit den Knochen der verstorbenen Brüder die Wände kunstvoll mit Leuchtern und Mosaiken zu schmücken. Wenn man heute am Ende eines schmalen Gangs am letzten Grabfeld angekommen ist, heißt es auf einer Tafel: Was ihr seid, sind wir gewesen. Was wir sind, das werdet ihr sein.

Man kann das gruselig finden. Mich motiviert dieser offensive Umgang mit dem Ende meines Lebens. Wenn jeder Tag der letzte sein könnte, ergreife ich heute die Chance, die sich mir bietet. Das Leben ist viel zu kurz, um lange unglücklich zu sein. Mir gefällt der Kontakt zu allen, die mit mir Gast auf Erden sind. Eine brüderliche Kritik ist ein schöner Hinweis, morgen die Gleise vielleicht ein wenig anders zu stellen. Wichtig ist aber, was heute geschieht.

Auf den Berufsinformationsmessen preisen Berater Software an, mit denen die Jugendlichen ihre Karriere planen sollen. In Werbetexten dazu heißt es: «Bei der Karriereplanung stehen Ihre individuellen Neigungen und Präferenzen im Mittelpunkt. Sie werden mit den Anforderungen der in absehbarer Zeit frei werdenden Stelle abgeglichen und fließen so in die Laufbahnplanung ein.»

Am liebsten würde ich auf eines der schicken Notebooks ein Kästchen stellen und den jungen Menschen sagen: «Ich weiß schon, wo Ihre Laufbahn enden wird!», und es dann öffnen: Zu sehen wäre ein Totenschädel. Vielleicht braucht es solche Schocktherapien, damit wir wieder begreifen, dass wir das Leben nicht in der Hand haben. Wir werden aus der Bahn geworfen. Es kommt die große Liebe meines Lebens. Ein Kind kündigt sich an. Ein Elternteil wird pflegebedürftig. Die Nachbarin braucht

Unterstützung. Eine politische Aktion braucht mein Know-how. Das alles kann mir passieren.

Wehe dem, der sich vielleicht nur so gerade aus seinen Abläufen herausreißen lässt – die Werbung für Engagement sucht immer neue Wege, wenigstens eine entsprechende Schrecksekunde zu erzeugen –, um dann aber verstört wieder ins Hamsterrad zurückzuspringen: Wir haben ja genug mit uns selbst zu tun. Unsere Klosterbesichtigung macht Ihnen vielleicht Lust, einen solchen Ausstieg – zumindest zeitweise – zu versuchen. Ein Interessent, der das auch wollte und Inhaber einer großen Firma ist, erkundigte sich bei uns nach den Bedingungen dafür. Als ich dann sagte: «Könnten Sie dann in vier Monaten kommen?», schaute er mich entgeistert an: Nein, er wolle sich das für später aufheben. Im Moment habe er noch zu viel zu tun, na, Sie wissen schon. Selbst, als ich ihm sagte, er könne doch auch krank werden, und dann würde er sich sofort sechs Wochen freinehmen, konnte ich ihn nicht überzeugen.

Nur wenn es wirklich so weit kommt und der Tod sich nicht auf schönen Schildern an Standuhren oder gruseligen Grüften in Erinnerung bringt, sondern auf der Intensivstation im Krankenhaus, wird plötzlich möglich, was sonst unmöglich erschien. Dann haben Sie mehr mit sich selbst zu tun, als Ihnen lieb ist. Bei manchen fruchtet eine Auszeit. Bestes Anzeichen dafür ist der Satz, den Freunde und Angehörige immer wieder hören: Das Leben ist ein Geschenk, und wir sind nur Gast auf einem geliehenen Gut, mit dem wir sorgfältig umgehen müssen. Es fängt alles jeden Tag ganz neu für jeden an. Jeder Tag bringt eine neue Chance zum Leben.

18. Das Krankenzimmer

«Hauptsache gesund.»
Oder: Schwester Krankheit

Zu einem Kloster gehört auch ein Krankenzimmer. Charakteristisch dafür ist die Lage. Es ist der Raum, der sich an die Kirche anschließt. So hat der Kranke einen Blick auf den Altar. In manchen Häusern ist das wegen der Dicke der Kirchenwände nur eine Art Gucklochkanal. Hier bei uns sehen Sie aber richtige Fenster. So nimmt der Kranke am Gebet der Brüder teil. Er kann die heilige Messe mitfeiern. Da wir direkt hinter der Kirche unseren Gebetsraum haben, vermag er auch das Stundengebet der Brüder zu verfolgen. Auf diese Weise bleibt er eingebunden in das Leben der Gemeinschaft.

Sein Platz ist beim Mittagstisch frei, bis der hoffentlich wieder Gesunde am gemeinsamen Essen teilnehmen kann. So erinnert sich die Gemeinschaft daran, dass es einem von ihnen nicht so gut geht. Er fehlt ja auch bei den Gebetszeiten. Seine Arbeit bleibt liegen. Eine Klostergemeinschaft erfährt unmittelbar, dass Krankheit niemals eine Privatsache ist. Wenn einer krank ist, krankt das ganze Miteinander.

Wir Brüder rechnen mit Krankheit. Sie gehört zum Leben. Franziskus spricht im Sonnengesang vom Leiden: «Selig, die Krankheit und Trübsal ertragen!» Es gibt keinen Menschen, den kein Siechtum ereilen könnte. Unterschiede bestehen unter den Menschen auf der Welt nur in den Möglichkeiten der medizinischen Versorgung.

Krankheiten gehören nicht nur zur menschlichen Natur, ein Leben ohne Behinderung gibt es nicht. Früher oder später ist jeder durch etwas eingeschränkt. Dann bedarf er der aufrichtigen Hilfe. Für die Helfenden ist der beste Maßstab für ihre Unterstützung der Wunsch, nicht alleingelassen zu werden, wenn es einen selbst erwischt. Franziskus schreibt in seiner Ordensregel: «Und wenn einer von den Brüdern schwer krank werden sollte, dann müssen die anderen Brüder ihm so dienen, wie sie selbst bedient sein wollten.»

Diese Selbstverständlichkeit, mit der Krankheit erwartet wird, und auch der Tod sind unserer Gesellschaft erschreckend fremd geworden. Jedes Mal schlägt es wie ein Blitz ein, wenn in der Familie oder im Kollegenkreis jemand erkrankt. Denn plötzlich ist wieder da, was man erfolgreich verdrängt hat: nämlich dass das Leben endlich ist. Wir sind nicht Gott. Wir müssen heute leben. Morgen könnte es schon zu spät sein.

Wir wollen aber offensichtlich nicht gegenwärtig leben. Deswegen missachten wir die Kranken. Sie haben gefälligst bald wieder auf den Beinen zu sein. Wir bedrängen sie, schnellstmöglich wieder zu funktionieren. In meiner Zeit als Krankenhausseelsorger habe ich erlebt, dass Depressive die schlimmste aller Torturen erleiden müssen: Es ist schwer, von den Angehörigen immer wieder bedeutet zu bekommen, dass man sich nicht so anstellen solle; mit einem bisschen gutem Willen könne man doch wohl normal sein. Man sehe doch ganz gesund aus.

Das schreckliche Schlagwort «Hauptsache gesund» ist ein Schlag ins Gesicht aller, die krank sind. Wer so redet, suggeriert nichts weniger, als dass es einen Vorrang der guten körperlichen Verfassung vor der menschlichen Person gäbe. Wenn dein Körper nicht gesund ist, bist du mir nichts mehr wert. Pass also auf, dass du gesund bleibst; nur dann kann ich dich annehmen. Oder: Ich muss aufpassen, dass ich gesund bleibe. Nur dann kann ich sicher sein, dass ich in dieser Gesellschaft geachtet werde.

Je öfter ich diesen Wunsch höre, desto unheimlicher wird er mir. Er hat auch etwas mit der schon beschriebenen Körper-feindlichkeit zu tun. Unsere Organe und alles, was uns im Leib ausmacht, werden beschworen. Sie sind uns so suspekt geworden, dass wir uns selbst nicht mehr sicher fühlen in unserem Körper. Sie könnten ja, ehe wir uns versehen, ausfallen. Dann werden wir nie erreichen, wohin wir kommen wollten. Dem kranken Körper fühlen wir uns nur noch ausgeliefert. Als sei er alles, was wir sind. Dabei ist er doch unser Gefährte. Er ermöglicht es uns, heute da zu sein und mit dem Leben endlich anzufangen, weil wir nur diesen Körper, mit diesem Geist und dieser Seele haben. Aber es wäre schöner, wenn es anders wäre. So meinen nicht nur jene, die immer darauf warten, dass der eigentliche Moment des schönen Lebens noch ausstehe. Wir müssen auch schon damit rechnen, dass andere uns ihre schöne neue Welt, in die sie uns hineinbewegen wollen, aufdrücken. Und uns vor dem Unheil bewahren wollen, die Herausforderung anzunehmen, die das Leben heute an uns stellt.

«Gebt der Frau besser ein anderes Baby!», rief ein Kinderarzt nach der Untersuchung der Krankenschwester zu, die ihn zu einem Neugeborenen geführt hatte, das mit einer schweren vorgeburtlichen Erkrankung zur Welt gekommen war. Eine Mutter von drei behinderten Söhnen beklagte sich im Kreis der Eltern von Sorgenkindern, sie würde sehr oft bedauert werden. Die Leute sagten ihr: «Ach, wie schrecklich. Gleich drei behinderte Kinder!» – «Dabei», so bezeugte sie, «haben wir durch unsere drei sehr viel vom Leben gelernt. Und wir entdecken immer wieder Neues. Vor allen Dingen schätzen wir es, dass wir ganz aufmerksam den aktuellen Tag erleben. Wir haben es völlig verlernt, uns vorzustellen, was wir in der Zukunft alles erreichen wollen.»

Meine persönliche erste Begegnung mit Kranken fand während des sozialen Dienstes statt, den ich als Jugendlicher im Krankenhaus meiner Heimatstadt absolvierte. Ich wollte den Kranken vor allen Dingen helfen. Ich kann mich aber auch gut an das Gefühl der Erhabenheit erinnern, das mich überkam, als ich zum ersten Mal weiße Dienstkleidung tragen durfte: ein kleiner Halbgott in Weiß! Heute schäme ich mich dafür. Die erste Begegnung mit Kranken, die mich lehrte, dass sie mir viel voraushaben und ich von ihnen lernen kann, hatte ich dann mit 18 Jahren. Auf einer Blindenwallfahrt nach Lourdes sagte mir der damalige Präsident des Deutschen Blindenverbandes, zu ihm komme jede Woche jemand, der sein Augenlicht verloren habe. Allen sage er, es gebe nur zwei Möglichkeiten: Entweder sie erschössen sich, oder sie nähmen dieses Schicksal an. Diese Radikalität hat mich ziemlich geschockt. Aber es gibt tatsächlich keine Alternative: Entweder wir akzeptieren, dass wir krank sind oder es werden können. Dann fangen wir heute an, damit zu leben. Oder wir werden ein Leben lang herummaulen an unserer Existenz, weil es so schön wäre, wenn wir nicht krank würden oder nicht krank wären. Wir vergessen, unser Leben in die Hand zu nehmen, weil wir uns bei dem Gedanken aufhalten, was wir alles machen könnten, wenn wir eben nicht krank wären oder nie krank werden könnten.

In einer solchen Atmosphäre ist es schlecht, funktionseingeschränkt zu sein. Als Krankenhausseelsorger habe ich gelernt: Gesund ist jeder, der krank sein kann. Und krank kann man nur dann richtig sein, wenn man als Kranker bejaht wird. Die Wirklichkeit sieht anders aus.

Weil sie Angst haben, ihnen könne gekündigt werden, schleppen sich viel zu viele krank an den Arbeitsplatz. Sie vertrösten sich damit, dass sie Anerkennung bekommen werden, weil sie sich ja opfern. Ob sie die dann erhalten, ist höchst zweifelhaft. Gewisser ist, dass sie sich selbst langfristig schaden, wenn sie nicht heute etwas unternehmen, was nur heute gemacht werden kann. Hier gilt besonders der vielzitierte Satz von Michail Gorbatschow: Wer zu spät kommt – in diesem Fall zum Arzt –, den bestraft das Leben. Mit dem schleichenden, früheren Tod. «Tut also was fürs Leben!», sagt der Tod.

Würden wir uns nicht damit trösten, dass wir bestimmt nicht so krank werden können, reagierten wir viel aufmerksamer auf die Signale unseres Körpers. Stattdessen gehen wir davon aus, dass er zu funktionieren hat. Wir muten ihm allerlei zu und biegen ihn auf Ideale hin, die eigentlich gar nichts mit uns zu tun haben. Davon war ja schon die Rede.

Aber sprechen wir lieber wieder von denen, die krank geworden sind. Es fehlt in unserer Gesellschaft eine Kultur des Krankseins. Das einzige Fernsehen, das es hier im Kloster-Krankenzimmer gibt, ist das Fenster zur Kirche. Die Seele braucht Orientierung zu ihrem Ursprung, Stille und Einkehr, wenn sie den Körper unterstützen soll. Sie braucht echte Begegnungen mit ehrlichen Menschen. Ich habe noch keinen Krankenbesuch gemacht, der länger als zehn Minuten dauerte. Auch die eigene Erfahrung als Kranker lehrte mich, dass es nicht auf die Länge der Zeit ankommt, die ein Besucher bei mir verbringt, sondern auf die Wahrhaftigkeit und Aufmerksamkeit, die er mir für einen Moment schenkt.

Die Seele benötigt Zeit, die neue Situation zu erfassen. Wer krank wird, wechselt seine Rolle. Plötzlich bin ich bedürftig, ich werde nie mehr der aktive Wanderer sein oder nie mehr der eifrige Stimmungsmacher. Das macht mich traurig. Das regt aber auch meine Phantasie an, welche anderen Fähigkeiten, die vielleicht in mir schlummern, jetzt geweckt werden könnten. Freude und Leiden in der Krankheit sind wie zwei Flügel, die den Kranken zu einer neuen Auffassung von sich selbst tragen. Tag für Tag wollen sie angenommen sein als wertvolle Phasen zur ganzheitlichen Genesung. Die Tränen brauchen aufmerksame und geduldige Mitmenschen, die sie nicht gleich wegwischen. Die Seele atmet auch durch den Tränenkanal, wenn der Körper mit einer Krankheit kämpft.

Für all die Hochs und Tiefs braucht der Kranke den Raum der Bejahung. Ein Kranker wird umso leichter den Weg durch seine Krankheit gehen, je intensiver ihn die Zusage begleitet, dass er wertvoll ist, auch und gerade wenn er das nicht leistet, was andere sonst von ihm gewohnt sind. Seine Kraft zu lieben etwa hängt nicht von den Blutwerten ab. Seine Art und Weise, die Familie zusammenzuhalten, geht auch im Rollstuhl nicht verloren.

Damit wir wieder in Frieden krank sein können, müssen wir in unserer Gesellschaft unser Bild vom «richtigen» Leben eines Menschen ändern. Wer krank ist, soll nicht mehr denken, dass bei ihm etwas falsch läuft. Der Normalfall ist nicht die Gesundheit. Der Normalfall ist der Mensch, der auch krank werden kann. Ein Krankenhaus kann nicht, wie es im Sozialgesetzbuch hoffnungsvoll heißt, ein Ort zur Wiederherstellung der Gesundheit sein: Niemand kann ganz wiederhergestellt werden. Es bleiben Narben am Körper. Es bleibt der seelische Eindruck einer Zeit am Menschen haften, in der man plötzlich wieder zurückgeworfen wurde auf das, was wirklich wichtig ist. Und außerdem: Am meisten wird in Deutschland im Krankenhaus gestorben.

Kranke sind uns eher lästig. Wir wollen ja immer größer, besser, weiter, vernetzter und internationaler werden. Da ist

Leistung gefragt. Nicht nur körperlich. Auch seelisch. Niemand interessiert sich für die Kranken. Und niemand interessiert sich für jene, die sie betreuen. Langsam erst sickert das Bewusstsein durch, dass nicht nur Mutterschutz wichtig ist, sondern auch Angehörigenschutz: Kranke würden viel schneller genesen, wenn ihnen die engsten Angehörigen beistehen könnten. Man braucht nur nach Italien zu fahren; da bringt die Familie das Essen an das Bett im Krankenhaus. Wenn jemand aus dem Nahen Osten bei uns im Krankenhaus liegt, ist das ähnlich: Die Krankenzimmer sind von Besuchern oft sogar überfüllt. Man steht im wahrsten Sinne des Wortes zu den Betroffenen. Afrikanische und indonesische Krankenhäuser rechnen stets mit der Unterstützung der Angehörigen. Unglaublich für uns: Wenn dort einer krank wird, steht das Leben der ganzen Familie still. Dort gehört Krankheit ganz natürlich zum Leben. Wenn sie heute auftaucht, wird heute damit gelebt. Also lässt man alles stehen und liegen und erleidet die Situation mit dem Kranken. Es ist leicht vorstellbar, wie die Gegenwart der Familie und der Freunde dem Kranken manches an Druck und Sorgen abnimmt. Geteiltes Leid ist halbes Leid.

Wir sind bei so viel geschenkter Nähe eher skeptisch. Wenn da jetzt auch noch die Angehörigen kommen, stört das nur den geregelten Ablauf. Sie stehen im Weg. Es werden hygienische Gründe ins Feld geführt. Die ganze Wirtschaft würde lahmen, wenn alle ein Recht bekämen, unter Beibehaltung eines gewissen Prozentsatzes der Bezüge, ihre Kranken wochenlang zu unterstützen.

Solche und andere Fragen drängen sich in den Vordergrund, weil wir den ursprünglichen Bezug zum ganzen Menschen verloren haben. Wir denken von unserem Körper wie von einer Maschine: Die irrationale Angst, man könnte am Ende seines

Lebens an Maschinen angeschlossen werden, die einen nicht sterben lassen, ist die notwendige Folge davon. Ärzte erscheinen nicht mehr als Menschen aus Fleisch und Blut. Sie werden als lebendige Computer angesehen, die nur immer richtig funktionieren müssten, und die Krankheit wäre besiegt. Das Bild vom Landarzt, der mit allen im Haus nach einem guten Weg sucht, die Krankheit zu lindern, erscheint irgendwie vorwissenschaftlich. Nein, der Arzt soll den Körper reparieren, damit er so funktioniert wie vorher.

Die chronische Unterbesetzung bei Ärzten und die Erfordernisse der modernen teuren Geräte, die ausgelastet sein müssen, tun ihr Übriges dazu, dass sich die Patienten eher wie beschädigte Maschinen fühlen. Und der Besitzer wird entsprechend ruppig im Ton, wenn das Herz oder der Fuß nicht bald wieder so fehlerfrei funktioniert wie ehedem. Wir gehen buchstäblich über unseren Körper hinweg. Kein Wunder, dass der so Überhörte und Vernachlässigte sich rächt.

Durch unser Gesundheitssystem ist es mittlerweile so weit gekommen, dass sich auf allen Ebenen erhebliches Misstrauen eingeschlichen hat. Die Gründerjahre finden heute keinen Widerhall mehr. Umsichtige, kluge Ordensschwestern und -brüder hatten Ende des 19. Jahrhunderts maßgeblich die Fundamente unseres modernen Gesundheitswesens gelegt. Sie wollten barmherzig mit den Kranken umgehen und ihnen die größtmögliche Hilfe angedeihen lassen. Am Beginn der Medizingeschichte waren noch Menschen einflussreich, die an der theologischen Fakultät vier Semester Philosophie studiert hatten. Den Pionieren war noch klar, dass man niemanden an den Menschen heranlassen darf, der nicht vorher seinen Geist geschult hat, um das Geheimnis der menschlichen Natur zu ergründen. Dienstleistung wurde verstanden als Dienst, den es an den Kranken zu leisten galt. Heute geht es eher um die Leistung, die möglichst vielen Kranken anzudienen ist.

Der Mensch zählt nun in der Krankheit nichts mehr. Diese Klage wird von allen geführt, die mit dem Gesundheitswesen beruflich zu tun haben. Ihr Charisma und ihre Leidenschaft werden systematisch vergewaltigt von den Zwängen der Moderne, die auf alles eine Antwort zu haben scheint oder zumindest dahingehend vertröstet, dass die Antwort bald gegeben werden könnte. Die Kranken selbst haben völlig überzogene Ansprüche. Sie handeln, als seien sie Maschinen und müssten nur kurz repariert werden. Da es für alles eine Versicherung gibt, sind die Mitarbeiter im Gesundheitswesen mehr mit den immer differenzierteren Anträgen und Bezahlungssystemen beschäftigt als mit den Kranken selbst. Sie müssen den Kranken als Person völlig außen vor lassen und den Körper des Kranken und die eigene Arbeitsweise als Pflegende in die Systematik von Computerplänen einzwängen. Es zählt nur, was vom Barstrichcode vorgesehen ist. Am Ende des Tags wird dann abgerechnet. Auch was den Menschen am schwächsten macht, muss sich noch rechnen.

Plötzlich trauen wir uns mit unserem Wehwehchen nicht mehr zum Arzt. Wir können ja nicht wissen, was er noch in seinem Maschinenpark ausgelastet haben muss. Vielleicht ist auch so einiges an Vorgaben für eine bestimmte Anzahl von Untersuchungen noch nicht erreicht. Als Patient stehe ich in der Gefahr, medizinische Dienstleistungen empfohlen zu bekommen, die zur Bilanz der Praxis oder des Krankenhauses zwar passen, nur leider zu mir nicht. Damit ist der Supergau erreicht: Das Gesundheitssystem fordert Leistungen und Einstellungen der Mitarbeitenden, die ihre Patienten erst recht krank machen. Und sie selbst noch dazu.

Wir brauchen dringend eine Reform, die den Patienten wieder in den Mittelpunkt des Handelns stellt. Die Ärzte müssen zu ihrer Grundaufgabe zurückfinden, dem Menschen in der Krankheit ein Begleiter zu sein. Sie sind dafür sehr unterschiedlich begabt und sollten ihren Fähigkeiten entsprechend eingesetzt werden. Die Pflegenden sollten die Kompetenz zurückerhalten, nach ihrem Gespür den Patienten Raum zu schaffen für den Heilungsprozess. Jede Station darf somit anders aussehen.

Dafür braucht Deutschland aber ein neues Vertrauen in Akteure, denen am Gemeinwohl gelegen ist. Doch genau daran ist unsere Gesellschaft erkrankt: Wir glauben gar nicht mehr, dass alle daran interessiert sind, dass es allen gutgeht. Jeder, so entnehmen wir der Atmosphäre, die uns umgibt, will ja doch nur mit der Krankheit sein Schnäppchen machen. Allein die Zahl von 370 Krankenkassen in Deutschland muss uns zu denken geben.

Doch sind die Schnäppchenjäger auch an der Basis. Neben den vielen, die sich begründet krankschreiben lassen müssen, gibt es auch solche, die immer mal wieder versuchen, ohne Grund an den gelben Schein zu kommen. Es wird schon keiner nachfragen, was ich habe. Dies von einem Arzt zu fordern und auch noch einen Arzt zu finden, der das mitmacht, zeigt, dass Misstrauen nicht unbegründet ist.

Die Weltgesundheitsorganisation definiert: «Gesundheit ist der Zustand vollkommenen körperlichen, geistigen und sozialen Wohlbefindens und nicht die bloße Abwesenheit von Krankheit oder Gebrechen.» Wer seinen Arbeitgeber betrügt oder einen Menschen unterstützt beim Betrügen, ist in seinem geistigen und sozialen Wohlbefinden gestört; vielleicht noch nicht er selbst, aber die anderen auf jeden Fall, da die für diesen Betrug aufkommen müssen.

Wir sind krank an Misstrauen. Kein Kontrollsystem kann so gut sein, dass es die letzten Winkel des menschlichen Herzens erfasst. Eine Gemeinschaft ist so gut, wie es den Kranken in ihr geht. Wenn sie leben will, muss sie mit denen leben wollen, die jetzt krank sind. Das Leben fängt nicht erst an, wenn alles so perfektioniert ist, dass niemand mehr krank sein muss. Gott bewahre uns davor! Leben heißt: Gesundheit und Krankheit als Aufgabe anzusehen, die uns zusammenführt. Jeden trifft es. So oder so. Hauptsache, wir vergessen dabei nicht, dass jede Minute davon echtes Leben ist. Damit können wir heute schon anfangen.

19. Die Armenstube

«Jeder muss eben für sich selbst sorgen.» Oder: Bedürfnisse artikulieren

Am Ende unserer Besichtigung sind wir wieder an der Pforte angekommen und sehen hier den Gastraum für die Armen. Vier Betten stehen bereit. Eine Duschgelegenheit, Tisch und Stühle ergänzen das Angebot für die Durchwanderer und Obdachlosen, die bei uns anklopfen. Einen Schrank gibt es nicht, da wir diese Gäste in der Regel für maximal drei Tage aufnehmen. In dieser Zeit finden wir mit ihnen – wenn sie wollen – einen Platz, an dem sie länger bleiben können.

Zu allen Zeiten waren Klöster Zufluchtsorte für Menschen, die ihre Heimat verloren hatten. Die großen hatten eigene Hospize, in denen sie für eine gewisse Zeit Obdach anbieten konnten. Dort hielten sie auch Plätze für die Pilger bereit, die zu den großen Wallfahrtsorten unterwegs waren. Besonders in den Armen, so legt es die Regel des heiligen Benedikt fest, solle man Jesus Christus empfangen. Jeder Gast sei ein Botschafter Christi. Darum sei ihm mit Ehrfurcht zu begegnen.

Franziskus ging das nicht weit genug. Er wollte den Armen nicht nur etwas abgeben, denn es ging ihm weniger um die Hilfestellung, die ja die Botschaft mitbringt: Ich habe etwas, was du auch haben solltest. Er wollte mehr tun und fand eine neue Einstellung zu den Bedürftigen. Ihm ging ein Aspekt des Lebens Jesu auf, der bis dahin noch von keinem anderen Menschen derart radikal umgesetzt worden war: Jesus und seine Jünger hatten in ihrer Zeit an die nomadische Existenz vieler Prophetengruppen des Volks Israels angeknüpft. Jesus selbst hatte nichts, womit er seine materielle Existenz sicherte. Nur auf Gott gestützt, wurde er aber zu einem glaubwürdigen Hinweiszeichen auf seinen Vater im Himmel.

Franziskus sah, dass Jesus dies auch von seinen Jüngern verlangte. Sie sollten alles verlassen: das Haus, die Familie, alles, was sie hatten. Von Jesus heißt es ausdrücklich, dass er nichts hatte, worauf er sein Haupt legen konnte. Er und seine Jünger bildeten eine prophetische Gruppe, die schon durch ihre Le -bensweise zu einer fragwürdigen Gruppierung wurde – im besten Sinne des Wortes. Die Antwort Jesu war eindeutig: «Deswegen sage ich euch: Sorgt euch nicht um euer Leben und darum, dass ihr etwas zu essen habt, noch um euren Leib und darum, dass ihr etwas anzuziehen habt. Ist nicht das Leben wichtiger als die Nahrung und der Leib wichtiger als die Kleidung? Seht euch die Vögel des Himmels an: Sie säen nicht, sie ernten nicht und sammeln keine Vorräte in Scheunen; euer himmlischer Vater ernährt sie. Seid ihr nicht viel mehr wert als sie? Wer von euch kann mit all seiner Sorge sein Leben auch nur um eine kleine Zeitspanne verlängern?» (Mt 6, 25–27)

Diese Haltung bewirkte, dass sie auf ihre Mitmenschen angewiesen waren. Wer nichts besitzen will, verweist darauf, dass alles in dieser Welt sein Besitz ist, da alles von Gott, dem Schöpfer aller Dinge, geschaffen wurde. Jede Ordnung, die Menschen sich geben, muss im Blick behalten, dass alles in dieser Welt für alle gegeben ist. Eine Wirtschaftsordnung oder eine Arbeitsordnung, die das übersieht, steht im Widerspruch zum Willen des Schöpfers. Jeder ist auf jeden angewiesen. Keiner darf sich etwas für sich allein so zurücklegen, dass er anderen dauerhaft etwas wegnimmt. Jeder muss sich eine Offenheit bewahren für die

Mitmenschen, ja sogar die Mitgeschöpfe, und immer im Blick haben, ob er zum Wohlergehen aller beiträgt.

Man kann die Entdeckung dieses Aspekts der christlichen Botschaft durch Franziskus nicht hoch genug einschätzen: Der Gottessohn war arm, weil er die Menschen von ihrem verkrampften Festhalten an sich selbst und ihrem Besitz loslösen wollte. Wer ihn hat, hat nichts davon. Wer zu Jesus kommt, wird etwas durch ihn: nämlich ein neuer Mensch, der plötzlich erkennt, dass in dieser Welt alles zusammenhängt. Die Folge dieser Erkenntnis: Wer diese Zusammenhänge zerschneidet, schneidet Menschen vom Reichtum der Welt ab, der allen zur Verfügung stehen soll. Die am meisten bemühte Begründung dafür: Man muss ja schließlich für morgen sorgen. Das ist der Grund, warum die Menschheitsgeschichte ein blutiger roter Faden durchzieht, der zu einem dauerhaften Krieg um Besitz geworden ist. Es gibt keinen mehr, der nicht schon erlitten hätte, dass ihm unrechtmäßig etwas genommen worden ist. Es fehlt an Menschen, die aus dem Wie-du-mir-so-ich-dir ausbrechen. Wie verständlich, dass Jesus im meistgebeteten Basisgebet, dem Vaterunser, den Jüngern die Bitte in den Mund legt: «Unser tägliches Brot gib uns heute. Und vergib uns unsere Schuld, wie auch wir vergeben unseren Schuldigern.» Und Franziskus bestimmt für seine Brüder, dass sie ausgewählt sind, die Botschaft vom Reich Gottes zu verkünden: dass sie weder Zank noch Streit beginnen, sondern um Gottes willen jeder menschlichen Kreatur (1 Petr 2, 13) untertan sein sollen und bekennen, dass sie Christen sind.

Franziskus hat kein Hilfswerk für die Armen gegründet. Unser Gastraum hilft zwar manchem, der uns um Hilfe bittet, aber jeder Arme, der bitten muss, ist für uns Brüder ein Stich ins Herz. Er fordert uns auf, mit ihm nach Möglichkeiten zu suchen, wie er am Reichtum dieser Welt teilhaben kann. Und er stellt uns in

Frage, ob wir mit unserem Kloster, so klein und bescheiden es auch sein mag und sowenig es uns auch gehören mag, letztlich nicht doch mitmachen in dieser Welt, in der die Menschen sich auf ihre Besitzinsel retten und dort still hoffen, dass sie ihnen niemand streitig macht. Aus diesem Grund haben die Kapuziner immer wieder neue Wege gesucht, die Notwendigkeiten des Lebens (Alte müssen versorgt, Junge verlässlich ausgebildet werden, Arbeitsorte brauchen ihre Ausstattung) und die Herausforderung, mit den Armen zu leben, in Einklang zu bringen. Denn keiner kann ganz glücklich sein, solange es noch einen Menschen gibt, der in dieser Welt Not leidet.

Franziskus erkennt, dass Jesus die Grenzen, die Menschen unter sich aufgebaut haben, durchbrochen hat. Er entdeckt die soziale Revolution, die mit der religiösen einherging. Im Lukasevangelium ist das prägnant festgehalten: «Jesus kehrte, erfüllt von der Kraft des Geistes, nach Galiläa zurück. Und die Kunde von ihm verbreitete sich in der ganzen Gegend. Er lehrte in den Synagogen und wurde von allen gepriesen. So kam er auch nach Nazaret, wo er aufgewachsen war, und ging, wie gewohnt, am Sabbat ins Gotteshaus. Als er aufstand, um aus der Schrift vorzulesen, reichte man ihm das Buch des Propheten Jesaja. Er schlug es auf und fand die Stelle, wo es heißt: ‹Der Geist des Herrn ruht auf mir; denn der Herr hat mich gesalbt. Er hat mich gesandt, damit ich den Armen eine gute Nachricht bringe; damit ich den Gefangenen die Entlassung verkünde und den Blinden das Augenlicht; damit ich die Zerschlagenen in Freiheit setze und ein Gnadenjahr des Herrn ausrufe.› Dann schloss er das Buch, gab es dem Synagogendiener und setzte sich. Die Augen aller in der Synagoge waren auf ihn gerichtet. Da begann er, ihnen darzulegen: Heute hat sich das Schriftwort, das ihr eben gehört habt, erfüllt.» (Lk 4,16–21)

Die Spannung, die Jesus um sich herum aufbaute, wird in diesem Text greifbar. Nacktes Entsetzen muss die Menschen gepackt haben, da Jesus fast lapidar sagt: «Worauf ihr wartet, ist heute schon da.» Als sie ihm entgegenhalten, er sei ja nur ein Handwerkersohn, setzt er hinzu: «Amen, das sage ich euch: Kein Prophet wird in seiner Heimat anerkannt.» Jesus bringt ihnen in Erinnerung, dass auch der große Elija von seinem eigenen Volk nicht gehört wurde: «Als die Leute in der Synagoge das hörten, gerieten sie alle in Wut. Sie sprangen auf und trieben Jesus zur Stadt hinaus; sie brachten ihn an den Abhang des Bergs, auf dem ihre Stadt erbaut war, und wollten ihn hinabstürzen. Er aber schritt mitten durch die Menge hindurch und ging weg.» (Lk 4,28–30)

Die Vollmacht für diese Grenzüberschreitungen hat er von Gott. So sehen es zumindest einige, die seine Jünger werden. So werden es auch jene sehen, die sich Christen nennen. Sie bekennen, dass Jesus auch zur letzten Grenzüberschreitung fähig war: Er hatte sogar die eigene Tötung – freilich immer im Vertrauen auf Gott – zugelassen, weil er fälschlicherweise von den Römern angeklagt werden konnte, er wolle auch ihnen ihren Besitz streitig machen.

Gottes Antwort auf den Versuch, das Anliegen Gottes in dieser Welt zu vernichten: Gott erweckt Jesus aus dem Tod und stellt ihn selbst und seine Botschaft den Menschen neu zur Verfügung. Franziskus hat dies unmittelbar verstanden. So überzeugend, dass er schon kurz nach seinem Tod der neue Christus genannt wird.

Er will Jesus präsent machen. Oder besser: Er lässt sich vom auferstandenen Jesus so in Beschlag nehmen, dass dieser durch ihn wirken kann. Ohne diese religiöse Dimension macht man Franziskus und alles soziale Engagement zu einer Leistung, die wir Menschen aus uns heraus fertigbringen könnten. Jeder, der es versucht, wird sich am Ende aber als gescheitert erleben. Die Einladung zum Glauben ist die Einladung, nicht allein loszuziehen, sondern mit Gott und mit den Menschen an der Seite. Freilich muss man dafür bereit werden, seine Insel zu verlassen und endlich die Hilfe anzunehmen, die Gott einem gibt.

Hier kommen wir zu dem Punkt, der den Kapuzinern den Namen Bettelorden eingebracht hat. Mit seinen Brüdern steht Franziskus dazu und weiß, dass er auf Gott angewiesen ist. Das fällt ihm umso leichter, als er erkennt, wie sehr Gott auf ihn und alle Menschen angewiesen ist. Gott bettelt um Nachfolger für Jesus. Die Nachfolger Jesu betteln darum, dass Menschen sich für Gott und ihre Mitmenschen öffnen. Es geht dabei nicht um ein Projekt, an dem man bauen möchte wie an einer riesigen perfekten Stadt. Franziskus hat vielmehr das Heute im Sinn, das Jesus wichtig war: Die neue Welt beginnt mit jedem, der aufhört, sich gegen Gott und seine Mitmenschen zu behaupten. Alles andere wird uns nach einem weiteren Wort Jesu hinzugegeben werden.

Es geht also weniger darum, den Armen zu helfen. Es geht um weit mehr. Walter Schmidbauer, einem deutschen Psychotherapeuten, kommt das Verdienst zu, die Machtausübung im Helfen thematisiert zu haben. Wer hilft, sitzt am längeren Hebel. Wer hilft, hat seine Vorstellungen, was für den anderen bestimmt gut ist. Bei Einstellungsgesprächen mit Zivildienstleistenden für unsere Obdachlosenhilfe in Frankfurt am Main habe ich den jungen Leuten deshalb gesagt: Sie müssen auch bereit sein, unseren Gästen nicht helfen zu wollen.

Jesus kam es nicht darauf an, als großer Helfer der Menschheit in die Geschichte einzugehen. Er wollte keine Bewunderer, sondern Nachahmer. Er zog durch die Gegend, um den Armen die Frohe Botschaft zu bringen, und zwar so, dass er mit seinen

Jüngern selbst das Schicksal der Armen teilte. Es ging ihm um einen Frieden, der auf allen Ebenen die Trennung der Menschen von Gott und die Trennung der Menschen untereinander aufhebt. Denn Trennung bedeutet Isolation. Und Isolation ist Gewalt. Gewalt gegen sich selbst, weil man sich aus Angst oder aus Selbstsucht der Kommunikation mit anderen entzieht. Gewalt gegen andere, weil man anderen nicht den Zugriff auf persönliche Möglichkeiten gestattet.

Das ist der wichtigste Punkt der Botschaft Jesu, den Franziskus intuitiv aufgriff und der uns Kapuziner bis heute bestimmt: Das Reich Gottes ist keine schöne Welt, auf die wir uns alle nur freuen sollen. Das Reich Gottes ist eine Wirklichkeit, die Gott geschaffen hat. Es ist menschenmöglich. Es duldet keinen Aufschub. Es fordert heraus. Es ruft zur Entscheidung. Es ist nicht eine geistige Kraft, geeignet für Sonntagsreden. Es will zur Tat werden. Eine Tat, die das Ziel heute schon verwirklicht.

Dazu muss sich jeder bewegen. Das kann keinen ruhig lassen. Franziskus und wir Kapuziner lassen uns von der Unruhe des Reiches Gottes anstecken. Blicken wir noch einmal mit dem sympathischen Sänger des Sonnengesanges ins Evangelium: Bezeichnenderweise wird Jesus nach der Heilung eines Gelähmten von offensichtlich im Begreifen gelähmten Schriftgelehrten gefragt, wann das Reich Gottes komme. Jesus aber überhört die Frage nach dem Wann, sondern erkennt, dass die Fragenden Erkenntnisprobleme haben. Deswegen antwortet er ihnen: «Das Reich Gottes kommt nicht so, dass man es an äußeren Zeichen erkennen könnte. Man kann auch nicht sagen: ‹Seht, hier ist es!›, oder: ‹Dort ist es!› Denn: Das Reich Gottes ist schon mitten unter euch» (Lk 17,20-21). Damit machte er klar: Es hat einen Namen. Jesus.

Das christliche Abendland ist dabei, diesen Namen zu verspielen. Sosehr es Vorwürfe aus unserer Sicht gegen die Kirche durch die letzten zwei Jahrtausende gegeben haben mag: Wer im Glashaus sitzt, sollte nicht mit Steinen werfen. Jesus entlarvte in harschen Worten die Frömmigkeit der Vertreter der offiziellen Religion seiner Zeit als pure Selbstsucht. Ebenso enttarnte er die römischen Besatzer mit ihrer Strategie der Unterdrückung, die sie auch noch «pacare» nannten, was so viel wie «befrieden» heißt.

Franziskus wurde, so sagen wir Kapuziner, von Jesus im 13. Jahrhundert in Dienst genommen, die bleibende Gegenwart des Reiches Gottes im auferstandenen Jesus durch ein einfaches Leben des Evangeliums umzusetzen. So trat er ohne viele Worte in die Fußspuren seines Herrn, denen er, wie er wörtlich schreibt, allezeit nachfolgen wollte.

Er entlarvte den Machtweg der Kirche seiner Zeit als widersprüchlich zum Evangelium. Er stellte seinen Vater bloß, den erfolgreichen Kaufmann, und machte klar, wie selbstsüchtig Geld und Besitz machen.

Als Kapuziner versammelten sich im 16. Jahrhundert einige Männer, die von der ursprünglichen Inspiration des Franziskus so sehr ergriffen waren, dass sie die Sicherheiten ihrer bis dahin gewachsenen Ordensstruktur aufgaben. Sie stellten sich neu der Erfahrung der ersten Christen mit dem auferstandenen Jesus: «Sie hielten an der Lehre der Apostel fest und an der Gemeinschaft, am Brechen des Brotes und an den Gebeten.» (Apg 2,42)

Die Kapuziner zogen sich zurück von der Welt. In Einsiedeleien gaben sie dem Gebet den Vorrang. Von dort aus nahmen sie die Herausforderungen ihrer jeweiligen Zeit an. Sie entlarvten eine christliche Gesellschaft, die sich der Pestkranken durch Ausgrenzung entledigen wollte, und packten im

17. Jahrhundert unter anderem bei diesem Problem beherzt mit an. Sie deckten eine Gesellschaft auf, die nur einigen wenigen Bildung zukommen ließ, und gründeten im 18. und 19. Jahrhundert Schulen und Internate für jene, die sich sonst keine Schulbildung hätten leisten können. Sie entlarvten den Erfolgsweg, sich an den Gütern dieser Welt für das eigene Leben zu bereichern, und brachen zu den Eigentümern dieser Güter auf, die ohnmächtig mit ansehen mussten, wie man ihnen ihre Lebensgrundlagen entführte. Sie verbanden die Verkündigung des Evangeliums dort mit der Bildung der Menschen Chinas, Lateinamerikas und Afrikas und legten so die Grundlagen für ein neues Bewusstsein von Gerechtigkeit und Frieden, die allen Völkern dieser Erde zustehen.

Heute leben wir etwa mit einer Gemeinschaft von Brüdern in einem Eingeborenendorf des Stammes der Lencas in Honduras und nehmen an der Armut der Einheimischen und an ihrem Kampf gegen Ungerechtigkeit teil. Wir nutzten unsere Fähigkeiten und erreichten auf diese Weise, dass einer dieser Brüder, Emilio Gavarrete, im Jahr 2004 vor den Vereinten Nationen gesprochen hat. Er zeigte die Unterdrückung der Lencas durch die Regierung auf und verteidigte ihre Rechte. Wir sind in Rio Grande do Sul präsent, wo die Brüder mit interessierten Männern und Frauen eine Genossenschaft gegründet haben, die Müllrecycling betreibt. Andere haben einen Konfektionsbetrieb initiiert, der jetzt von armen Frauen organisiert und geführt wird. Solche Beispiele tragen wir zusammen auf Ordensversammlungen vor. Bei diesen Konventionen stellen sich etwa fünfzig Brüder aus den fünf Kontinenten dem Schrei der Armen in der Welt von heute und tauschen Erfahrungen aus. Sie entwerfen mit dem Blick auf das, was es schon gibt, im Licht der Leitwerte unseres Charismas und der historischen und prophetischen Tradition unseres Kapuzinerordens Wege für ein zukunftsorientiertes Zeugnis und Handeln.

Uns ist klar: Evangelische Brüderlichkeit und ökonomische Gerechtigkeit müssen wir miteinander verbinden. Auf einer der Versammlungen wurde festgelegt: In einer Welt des Wettbewerbs und des Kampfs engagieren wir uns als Minderbrüder, die unterwegs sind, indem wir unsere Solidarität mit den Armen und an den Rand Gedrängten zum Ausdruck bringen und uns auf ihre Seite stellen. So verändern wir die Welt ein Stück weit gemäß dem evangelischen Geist der Brüderlichkeit.

Bei unserem Rundgang bleibe ich deswegen bewusst an der Armenstube unserer kleinen Niederlassung mit Ihnen stehen. Hier ist der Ort für die wichtigsten Fragen. Bevor es wieder hinausgeht, will ich Sie daran erinnern, was ich zu Beginn gesagt habe, als wir uns das Kloster von außen angesehen haben: Vergessen Sie Ihre Vorstellungen von einem Kloster, wenn Sie es mit uns zu tun bekommen. Die Kapuziner haben keine Ruhe anzubieten. Das Ziel der Spiritualität ist nicht ein innerer Frieden, sondern ein Frieden für alle. Es geht uns um Gott, wie er in den Strukturen dieser Welt leidet, weil so wenige den Weg der umfassenden Erlösung mitgehen wollen, die in Jesus einen menschlichen Startpunkt hatte, den Gott selbst seiner Schöpfung eingegeben hat.

Franziskus lässt sich von Jesus unruhig machen. Er findet ihn im heiligen Brot der Eucharistie, in dem Jesus sich bis zum Ende der Zeiten nach dem Glauben der katholischen Kirche real in dieser Welt zur Verfügung hält. Ihm ist intuitiv klar: Das ist der reale Impuls, den Jesus unablässig gibt – aus dem Brotbrechen in der Kirche muss es zu einer Bewegung der Teilgabe aller Güter der Schöpfung an alle kommen.

Er verändert das damals bekannte Anbetungsgebet: «Wir beten dich an, Herr Jesus Christus, und preisen dich, denn durch dein heiliges Kreuz hast du die Welt erlöst!» Mit seinen Brüdern spricht er: «Wir beten dich an, heiligster Herr Jesus Christus, hier und in allen deinen Kirchen auf der ganzen Welt …» Für uns Kapuziner gehören die Eucharistiefeier und das Leben mit den Armen zusammen. Die heilige Messe ist ein Unruheherd. Am Ende heißt es «Ite missa est». Zu Deutsch: «Raus mit euch. Tut, was ihr hier gefeiert habt.»

So wird nicht aus der Religion plötzlich Politik; Religion ist Politik. Sie ist Politik im Dienste des gegenwärtigen Reiches Gottes. Von wegen: Morgen kommt die neue Welt! Nein, das Leben fängt heute an. Mitten unter uns entscheidet sich, wie schnell das Böse in dieser Welt dem Reich Gottes Platz macht.

Im Jahre 2006 hatten sich in Porto Allegre in Brasilien etwa fünfzig Mitbrüder versammelt. Sie wollten die Berufung auf das Beispiel von Franziskus sowie der ersten Kapuziner mit einer kritischen Analyse des heutigen sozialen und ökonomischen Kontextes verbinden. Sie besannen sich auf die Prinzipien, nach denen das heute vorherrschende System kritisiert werden muss. Alle müssen teilhaben können an den Gütern der Erde. Diese müssen angemessen und gerecht verteilt werden, sodass die Art der Verteilung von allen gebilligt werden kann. Alles muss transparent geschehen. Alles muss solidarisch sein: Die Schwachen brauchen mehr als die Starken. Und schließlich muss die Kritik einen strengen Lebensstil einfordern, denn diese eine Welt können sich nur alle leisten, wenn alle bereit sind, sich nicht alles zu leisten.

Weil die Menschheit diese Prinzipien nicht befolgt, verwandelt sie diese Welt in eine Tötungsmaschine. Die Zahlen sind bekannt: Die 20 reichsten Länder der Welt hatten 1960 30-mal so viel an Vermögen wie die 20 ärmsten Länder, 2002 war es bereits 74-mal so viel. Die rund 350 reichsten Haushalte der Welt haben dasselbe Jahreseinkommen wie die gesamte arme Hälfte der Weltbevölkerung. Die Einwohner der Mitgliedsstaaten der Europäischen Union geben im Sommer so viel Geld für Eiscreme aus, wie die betroffenen Länder der Vierten Welt jährlich bräuchten, um allen ihren Kindern zwischen sechs und 15 Jahren ihr Menschenrecht auf schulische Bildung zukommen zu lassen.

Auch für uns in Deutschland hat sich die mörderische Macht des Geldes schon zweifelhaft ausgezahlt: 1990 kommt auf fünf Einkommen aus Arbeit und Sachvermögen nur eines aus Geldvermögen. Fünf Jahre später kommt schon auf vier Arbeitseinkommen eins aus Geldvermögen. Anders ausgedrückt: Vier Arbeiter statt fünf müssen die Zinsen erwirtschaften, die von den Banken an die Besitzer der Geldvermögen ausgezahlt werden. Weggenommen wird es denen, die arbeiten, indem man von ihnen höhere Zinsen verlangt. Da eine Bank aber Geldvermögen überlassen bekommen muss, damit sie es wieder verleihen kann, muss sie die Geldgeber anlocken. Das tut sie mit dem Versprechen höherer Zinsen oder, was gefräßigen Kleinanlegern jetzt den Garaus machte, mit dem Versprechen höherer Renditen, die allesamt bezahlt werden müssen von denen, die noch arbeiten. Und immer weniger Lust dazu haben werden.

Diese abstrakten Zahlen sind Sprengstoff. Zins und Rendite können, wie wir in der Finanzkrise 2008 erlebt haben, ganze Welten zusammenbrechen lassen. Sie stehen in ihrer verheerenden Auswirkung den überquellenden Arsenalen an atomaren, biologischen und chemischen Waffen in nichts nach. In den sauberen Schalterhallen der Banken spricht natürlich niemand von dieser Sprengkraft. Wenn eine Berliner Rentnerin bei den Lehmann Brothers ihre 10 000 Euro einfach verloren hat, gibt es kein Bild einer Überwachungskamera. Der Vorfall an sich ist aber ebenso grausam und kriminell, als wäre sie von zwei jungen Männern brutal beraubt worden. Zehntausende von gierigen oder einfach gutgläubigen Anlegern sind auf diese Weise von gierigen oder schlecht ausgebildeten Bankern ausgeraubt – oder zumindest den Raubtieren vorgeworfen worden.

Die Rede vom Geld, das man für einen arbeiten lasse, hat sich endgültig als Unsinn erwiesen. Gewusst hat es jeder schon vorher: Noch niemand hat je Geld bei der Arbeit gesehen. Darum ist es wohl auch jedem klarzumachen, dass derjenige, der Geld gibt und davon spricht, er würde es arbeiten lassen, immer andere Menschen für sich arbeiten lässt. Jetzt wird vielleicht noch deutlicher, warum es Franziskusbrüder waren, die am Beginn der kommunalen Sparkassen aktiv waren. Wer Geld gibt, lässt andere für den Zins tätig werden. Damit das nicht ausgenutzt wird, kümmert sich die örtliche Gemeinschaft darum, dass die oben beschriebenen Prinzipien eingehalten werden.

Die weltweite Finanzkrise hat so manchen wachgerüttelt. Leider nur jene, die wirklich etwas verloren haben. Auch da fehlen die Bilder, die zeigen können, was es bedeutet, wenn in Amerika 330 000 Eigenheime beschlagnahmt oder zumindest mit der Androhung der Zwangsvollstreckung belegt werden und in Frankfurt allein bei den Sparkassen über 5 000 Kunden ihr ganzes Vermögen einfach verloren haben. Es fällt kein Hochhaus zusammen – also kann es nicht so schlimm sein.

So langsam verlieren wir die Orientierung in einer tödlichen Bedrohung. Und wir haben keine Ahnung mehr, wie wir da wieder rauskommen. Genau da aber steckt die Chance. Jetzt kommt die Zeit, in der die Propheten gehört werden können. Wir könnten schon längst wissen, dass wir alle zwei Sekunden ein Kind ermorden, so der Schweizer Jean Ziegler, der von 2002 bis 2008 der UN-Sonderberichterstatter für das Recht auf Nahrung war. Aber dann müssten wir uns damit beschäftigen, wie wir das machen und was wir dagegen tun müssen. Grundsätzlich. Global. Entschieden.

So aber reden wir lieber von Begriffen, die wir nicht verstehen, und lassen uns erklären, dass schon etwas zu finden sei, damit alles so bleiben kann, so schlecht, wie es war. Etwa derart: Aha, Finanzkrise, das ist es, jetzt wissen wir, worum es geht. Was tun wir? Wir beruhigen die Märkte, verschärfen die Regeln, und der Staat hilft aus. So machen wir es. Außerdem pumpen wir aus den Steuergeldern wieder Geld in die Banken, frei nach dem Motto: Das Auto ist zwar kaputt, aber wir könnten es ja noch einmal tanken. Dadurch gewinnen wir das Vertrauen zurück. Oder: Aha, Klimawandel, gut. Wir einigen uns auf zwei C plus bis 2050, nur die Chinesen müssen noch zustimmen. Ob so etwas Vertrauen schafft?

Esoteriker berauschen sich weltweit an der galoppierenden Bewusstseinskrise. Untergangsapostel stehen gut im Kurs. Der «WUX», mein selbstgesetzter «Weltuntergangsindex», hat an den «Endzeitbörsen» kräftig zugelegt, die Altmarxisten können ihr spätes Glück kaum fassen und holen tränengerührt des Meisters Werke vom Dachboden. Leider übersehen sie beim Abstieg, dass es nur der sogenannte Staat ist, der alles richten soll. Aber das Verhältnis von hohlen zu gehaltsreichen Köpfen ist im Staat nicht anders als in den Firmen des Kapitals. Von einer Firma an sich ist noch nie Böses ausgegangen. Auch nicht von einem Staat. Das Böse tun Menschen, die es nicht tun müssten. Leute, die vergessen haben, dass keiner ohne den anderen in dieser Welt leben kann. Menschen, die an den entscheidenden Stellen gelogen oder gegiert, gegeizt oder geschmiert und die mögliche gerechte Tat heute verraten haben zugunsten eines Morgen, in dem alles besser sein sollte.

Der Quantenphysiker Werner Heisenberg merkte einmal an, es sei eine Illusion der klassischen Physik, zu glauben, dass es eine vom Beobachter unbeeinflusste Beobachtung von irgendwas gäbe. Wir seien immer Beteiligte, wir seien die Erschaffer unserer physikalischen und nicht nur der «subjektiven» Realität. Von der überkommenen Vorstellung der Aufklärung einer «Welt an sich», die auch «ohne uns» existieren würde, müssen wir uns selbst aufklären.

Diese Radikalität hat Franziskus bewogen, sein Lied von der Geschwisterschaft aller Geschöpfe zu dichten, die allesamt nur einen Sinn haben: Gott zu loben. Die Brüderlichkeit aller Menschen untereinander hat genau denselben Sinn: Bevor sie auch wirtschaftlich etwas bringt, ist sie zunächst gelebte Dankbarkeit gegenüber dem Schöpfer dieser Welt. Und gelebte Verpflichtung!

Bachelors, Masters, MBAs, auch die Wissenschaftler aus St. Gallen und Harvard, die in den Tagen der sogenannten Finanzkrise das Geschehene hektisch ihren Vertröstungstheorien einer vollkommenen Wirtschaftswelt wieder anpassen, wissen davon nichts. Man will sich ja schließlich auch zukünftig an solchen Voraussagen orientieren. Einige Mausklicks weiter sieht dann alles wieder so aus, als hätten wir es immer schon geahnt. Lange hält die Lüge nicht.

Das Gewissen lässt sich nicht betrügen. Plötzlich kommt die Frage aller Fragen auf: Wenn das Geld nicht sicher ist – was ist denn noch sicher?

Uns wird klar, dass wir Vertrauen eingezahlt haben und in der Gefahr stehen, unser Geld nur zurückzubekommen in Form des Hasses jener Mitmenschen, die für die überhöhten Zinsen unseres Geldes hart arbeiten müssen. Das ist auch global zu verstehen: Die sogenannten Millenniumsziele, mit denen die Geberländer den Empfängerländern Entschuldung und andere Instrumente auf dem Weg zur Eigenständigkeit bis 2015 ebnen wollen, sind in weite Ferne gerückt. Es wird wohl noch lange so bleiben – wenn sie es sich gefallen lassen –, dass Länder wie Kamerun, Niger oder Nicaragua über ein Drittel ihres Staatshaushalts für die Zinszahlungen aufbringen müssen.

Das alles scheint weit weg von unserem Leben zu existieren. Wir verstehen die hochkomplexe Welt nicht mehr und haben uns damit abgefunden. Aber die Geldkrise 2008 hat es uns schlagartig zu Bewusstsein kommen lassen. Die Illusion der Trennbarkeit von Märkten verschwindet. Es hängt ja wirklich alles mit allem zusammen. Wir gehören wirklich alle zusammen. Brüderlichkeit ist keine Theorie. Sie ist die nackte Wahrheit.

Wenn der Chef kein Geld mehr hat für den Rohstoff und keines mehr für meinen Lohn, ist guter Rat teuer. Wenn meine Bank kein Geld mehr hat, um Geld einzukaufen, mit dem sie handeln kann: Wie kann sie mir dann Geld geben? Wird diese Erkenntnis uns aufschrecken und vor Schreck lähmen? Millionen, Milliarden bis hin zu Billionen Dollar waren eben noch da, und jetzt sind sie «vernichtet»? In einem Schaubild lässt sich das nicht zeigen: Legt man die Millionen, Milliarden und Billionen als Stapel von 200-Euro-Scheinen aufeinander, sind das 18 Zentimeter zu 180 Metern zu 180 Kilometern. Unvorstellbar viel.

In den Wochen der Finanzkrise musste ich wieder an die Knochenkunst der Kapuziner an der Via Veneto in Rom denken. Vermögen haben sich über Nacht in nichts aufgelöst. Bankbilanzen seien in Sekunden pulverisiert worden. Der Geldmarkt trockne aus, hieß es da. Begreifen kann das von uns Laien kaum einer. Eben war das Geld doch noch da. Und jetzt nicht mehr? Sind da

Zauberer am Werk? Und die US-Regierung finanziert den Hokuspokus auch noch. Das gilt weltweit: Milliarden werden aus dem Vermögen der jeweiligen Staaten in die Banken gepumpt, nachdem sie das Geld irgendwohin versenkt hatten. Oder veruntreut haben? Oder sich in die Tasche gesteckt haben? Wenn jeder nur für seine Zukunft sorgt, ist das die logische Folge.

Epilog

Wer andere Menschen führen will, sollte darüber Bescheid wissen, was sich in seinem Kopf und in den Köpfen anderer abspielt, meint der Göttinger Neurobiologe Gerald Hüther. Und wer sich selbst führen will, wohl auch! Wann fangen wir endlich mit unserem gesunden Menschenverstand an zu leben? Jeder hat davon mehr zur Verfügung gestellt bekommen, als er selbst glaubt. Wir müssen alles einsetzen, was wir wissen. Die Kompetenz, die wir haben, gehört nicht in die Vorratskammer. Wir brauchen nicht noch mehr davon, um mit dem Leben anfangen zu können. Jeder hat so viel zugeteilt bekommen, dass es ausreicht für einen kraftvollen Anfang. Mit dem zu wirtschaften, was wir haben, und nicht mit dem, was wir anderen wegnehmen, ist doch eigentlich ein einfacher Grundsatz.

Wer dagegen meint, es könne noch besser kommen, und wen das Gute deswegen nie zufriedenstellt, ist gefährlich dumm. Er stellt sich selbst ein Bein. Es lohnt sich nicht, sich über das vermeintliche Leid der Gegenwart hinwegzutrösten mit satten Gewinnen, die man später machen wird, wenn man das Geld nicht antastet, was man jetzt hat.

Das Leben fängt heute an. Wir sind wie Wasser: Wenn es steht, weil es sich für morgen aufbewahren will, wird es faul. Geld ist nichts anderes als ein Mittel, mit dem wir die unterschiedlichen Ergebnisse unserer Arbeit austauschbar machen. Es ist das Fließmittel, mit dem die Leistung der Menschen rund um den Globus ausgetauscht werden kann. Was für eine aberwitzige Idee, zu glauben, dass Geld vor allem dann sicher wäre, wenn es sich nicht bewegt! Gold im Tresor der Bank kann man nicht essen. Festgeld auf dem Konto zerrinnt von selbst.

Schon meine Großmutter, die erfahren hatte, was Armut in Deutschland war, wusste: Vom Geben ist noch keiner arm geworden. Erst wer gibt, wird empfangen. Nur wer heute lebt, baut an einem Morgen mit, das keine Traumfabrik ist, sondern eine Welt, in der alle gern im Heute leben.